Christoph-Maria Liegener

Die weiblich werdende Welt

Dritte Auflage

Herstellung und Verlag:
BoD – Books on Demand, Norderstedt
Cover-Bild: Shutterstock

ISBN:
9783756217823

Inhalt

Vorwort

Dies ist die dritte Auflage meines Büchleins „Die weiblich werdende Welt". Gegenüber den ersten beiden Auflagen sind einige Änderungen im Text vorgenommen worden und das Literaturverzeichnis wurde erweitert. Das Büchlein ist als eine Einführung gedacht und erläutert meine Theorie von der weiblich werdenden Welt auf leicht verständliche Weise. Wer sich für weitere Details der Theorie interessiert, möge meine früheren Veröffentlichungen zu dem Thema konsultieren[1].

---

[1] Christoph-Maria Liegener, Warum die Welt weiblich wird. Ein Psychogramm der Menschheit. Einbuch Buch- und Literaturverlag, Leipzig (2017).

Christoph-Maria Liegener, Kollektivpsychologische Ursachen des Populismus. Grin-Verlag, München (2017).

Christoph-Maria Liegener, Der Verlust des Jenseits. Symptome der Transgenderisierung der Menschheit. Grin-Verlag, München (2017).

Danken möchte ich meiner Familie für die fortwährende Unterstützung.

Dr. Dr. Christoph-Maria Liegener

Christoph-Maria Liegener, Der Untergang der mykenischen Kultur. Grin-Verlag, München (2018).

Christoph-Maria Liegener, Machtlos gegen den Klimawandel. Books on Demand, Norderstedt (2019).

Christoph-Maria Liegener, Weihnachten für alle. Vorbote einer weiblich werdenden Welt. Books on Demand, Norderstedt (2019)

Christoph-Maria Liegener, Die Transgenderisierungen der Menschheit. Books on Demand, Norderstedt (2020).

Christoph-Maria Liegener, Rückkehr zum Urvertrauen. Die Frage nach Gott in der weiblich werdenden Welt. Books on Demand, Norderstedt (2020).

Christoph-Maria Liegener, Corona in der weiblich werdenden Welt. Books on Demand, Norderstedt (2021)

Die kollektive Psyche der Menschheit

Was soll aus der Menschheit werden?

Diese Frage zu beantworten, verlangt, die Entwicklung der Menschheit als Ganzes in ihrer Geschichte und im Hinblick auf ihre Zukunft zu betrachten. Wenn man das tut, stößt man darauf, dass sich der Charakter der Menschheit im Lauf der Geschichte mehrfach gewandelt hat und derzeit wieder wandelt. Ganz konkret: In den letzten Jahrhunderten wandelt er sich von „männlich" zu „weiblich".

Die Welt wird weiblich! Das spricht sich immer mehr herum (Sadigh, 2015). Es kann sogar begründet werden und wurde als der einzige Weg zur Rettung der Welt erkannt (Liegener, 2017). Inzwischen ist dieses Phänomen durch weitere Untersuchungen bestätigt worden (Imdahl & Steeger, 2022). Gute Nachrichten für alle Frauen. Endlich werden sie richtig verstanden werden. Wurde auch Zeit!

Aber wie genau ist das gemeint?

Und:

„Warum habe ich noch nichts davon gemerkt?", mag manche Frau sich fragen.

Wir wollen versuchen, uns einer Antwort anzunähern.

Die Kategorien „weiblich" und „männlich" gibt es schon seit 600 Millionen Jahren. Damals entwickelte sich die Meiose, jene Zellteilung, bei der es zwei Elternteile mit verschiedenem Geschlecht gibt, deren Chromosomensatz jeweils halbiert wird, um dann mit dem anderen halbierten Chromosomensatz zusammengefügt zu werden. Dies war die Geburtsstunde der Sexualität. Erst dadurch konnte sich die gigantische Vielfalt von Lebensformen entwickeln, die letztlich zur Entstehung der Menschheit führte.

Seither gibt es weibliche und männliche Lebewesen. Frau und Mann unterscheiden sich – nicht nur äußerlich, sondern auch neurologisch (Ingarhalikar et al., 2014). Bei Frauen sind die Nervenverbindungen zwischen den beiden Hirnhälften besser ausgeprägt als bei Männern, bei Männern funktioniert die Nervenkommunikation innerhalb der Hirnhälften besser als bei Frauen. Das äußert sich darin, dass Frauen aufmerksamer sind als Männer, ein besseres Gedächtnis haben und über eine bessere Sprach- und Sozialkompetenz verfügen, Männer hingegen ein besseres räumliches Vorstellungsvermögen besitzen und eine bessere Motorik.

Zu Unterschieden in der Intelligenz gibt es die berühmte „Male Idiot Theory", die allerdings nicht besagt, dass alle Männer Idioten sind, sondern nur, dass (fast) alle Idioten Männer sind (Lendrem, Lendrem, Gray, & Isaacs, 2014). Die Erklärung: Die Gaußschen Glockenkurven, die die Häufigkeiten der verschiedenen Intelligenzquotienten darstellen, haben bei Frauen und Männern annähernd den gleichen Mittelpunkt, gestalten sich aber bei Männern flacher. Das heißt: Frauen und Männer sind im Durchschnitt ungefähr gleich intelligent, aber bei Männern gibt es mehr Ausreißer nach oben und unten, also mehr Idioten und mehr Genies.

Es gibt viele weitere Unterschiede zwischen Frauen und Männer, die im Folgenden noch erwähnt werden sollen. Bei all dem konnte es nicht ausbleiben, dass Frauen und Männer sich mit ihrer Geschlechtsrolle identifizierten und charakteristische Verhaltensweisen entwickelten – jedenfalls mehrheitlich.

Dazu bemerken Voland und Johow in ihrem Bericht (Voland & Johow, 2012):

„Geschlechtsdifferenz ist so gesehen ein fester Bestandteil der menschlichen Natur. Kulturelle Kontexte spielen mit dieser Differenz und legen sie unterschiedlich aus, aber entgegen eines weit verbreiteten Missverständnisses konstruieren Kulturen nicht diese Differenz."

Jeder hat schon solche geschlechtsspezifischen Verhaltensweisen wahrgenommen. Ein Beispiel ist das Ausziehen eines Pullovers: Frauen überkreuzen dabei die Arme vor der Brust, Männer halten sie parallel. Ein weiteres Beispiel: Frauen drücken eine Zahnpastatube in der Mitte, Männer am

Ende (Kishon, 1989, S. 219-222). Die Literatur ist voll von weiteren Beispielen (Gray, 1992, Evatt & Zybak, 2005, Pease & Pease, 2002, Pease & Pease, 2011, Pease & Pease, 2012, Pease & Pease 2020).

Nicht alle mögen diese Unterscheidungen. Sie behaupten, die Unterschiede zwischen Frauen und Männern seien anerzogen und daher nichtssagend. Sagen sollen sie auch gar nichts, nur beobachtet werden. Und anerzogen sind wohl einige der Verhaltensweisen, aber nicht alle, insbesondere nicht der Umgang mit der Menstruation. Aber ist das ein Grund, die liebenswerten kleinen Unterschiede zwischen Frau und Mann in Grund und Boden zu verdammen, sie ausmerzen zu wollen? Verhält es sich nicht wie mit den Dialekten in der Sprache? Sie verleihen doch eine Art Identität! Sicher, manche Dialekte führten in der Vergangenheit zu Diskriminierung und auch Frauen wurden früher diskriminiert, aber heute gibt es Gesetze dagegen. Heute lächelt man, wenn man sich bei einer typisch weiblichen oder typisch männlichen Verhaltensweise ertappt.

Interessant mag in diesem Zusammen-hang sein, dass geschlechtsspezifische Unterschiede in den Verhaltensweisen auch bei anderen Primaten auftreten (Hassett, Siebert, & Wallen, 2008). Auch das spricht dagegen, dass die geschlechtsspezifischen Verhaltensweisen nur anerzogen sein sollen.

Wie sich die Unterschiede herausgebildet haben, ist auch eigentlich nicht relevant. Sie existieren offenbar in erheblichem Umfang seit langer Zeit und beeinflussen möglicherweise das Schicksal der Menschheit.

Wenn eine Frau etwas typisch Weibliches tut – z. B. sich zu schminken –, dann erkennen wir dies als weibliche Verhaltensweise und können es als solche verstehen. Dieses weibliche Verhalten kann unter Umständen auch von einem Mann praktiziert werden. In dem Fall sind wir vielleicht ein wenig überrascht, akzeptieren es aber auch. Das weibliche Verhalten ist nicht an das biologische Geschlecht gebunden. Man spricht bei der Geschlechterrolle, wie sie sich im Verhalten äußert, vom Gender. Das Gender ist unabhängig vom biologischen Geschlecht. Bei der Frau genauso wie beim Mann. Es handelt sich hierbei um Verhaltensweisen einzelner Individuen.

Die Erlebnisse der Individuen einer Gruppe prägen nach C.G. Jung das kollektive Unbewusste dieser Gruppe (Jung, 2011) oder nach Maurice Halbwachs (Halbwachs, 1991) das kollektive Gedächtnis einer Gruppe von Menschen. Solche Gruppen können Familien, Parteien, ethnische Minderheiten oder ganze Völker sein, aber auch die gesamte Menschheit. Um die gesamte Menschheit soll es hier gehen.

Auch sie hat ein kollektive Unbewusstes und verfügt – davon gesteuert – über kollektive Verhaltensweisen, die unter anderem typisch weibliche oder typisch männliche Züge aufweisen können.

Die Begriffe Frau und Mann sind feste Muster im Unbewussten geworden, die sich seit Urzeiten herausgebildet haben und deshalb von C.G. Jung als Archetypen bezeichnet worden sind. Diese Archetypen sind einprägsame Schemata, die durch pauschale Vereinfachungen entstanden sind. Diese Vereinfachungen waren für die Entstehung der Archetypen unverzichtbar. Solche stereotypischen Charakterisierungen können natürlich im Einzelfall völlig danebenliegen, weshalb sie oft als Vorurteile empfunden werden. Gerade in unserer heutigen Welt verschwimmen die Grenzen zwischen den Geschlechtern oft und die überkommenen Rollen werden zuweilen in Frage gestellt. In der unzugänglichen Welt des kollektiven Unbewussten spielen sie trotzdem noch die Rolle, die sie seit Jahrtausenden spielten.

Das zeigt sich darin, dass viele Eigenschaften des Weiblichen und Männlichen in den verschiedensten Winkeln der Welt und zu den verschiedensten Zeiten ähnlich gesehen wurden und werden. Sie treten schon in der altchinesischen Lehre vom Yin und Yang auf, sind jedoch wohl noch viel älter, wahrscheinlich bis auf die Urmenschen zurückgehend, und haben in dieser langen Zeit Eingang in das kollektive Unbewusste der Menschheit gefunden. Dabei ist im Allgemeinen das Weibliche das Passive, Dunkle, Gefühlsmäßige, Unbewusste, Intuitive, Empfangende, Anmutige, Sich-Hingebende; das Männliche ist das Aktive, Helle, Rationale, Bewusste, Planvolle, Erobernde, Grobe, Kontrollierende. Viele weitere pauschalisierende Charakterisierungen lassen sich finden und werden später noch wichtig werden.

Es geht hierbei nicht um den Wahrheitsgehalt solcher Aussagen, die für einzelne Individuen nicht zutreffen mögen, sondern darum, dass sie Teil der Archetypen von Frau und Mann geworden sind. Warum sie sich entwickelt haben und ob sie berechtigt sind, ist dabei unbedeutend. Sie existieren im kollektiven Unbewussten und wirken von dort aus. Um diese Auswirkungen auf das Verhalten der Menschheit soll es hierbei gehen.

Dass es sich hierbei nicht um allgemeingültige Klassifizierungen handelt, wird auch aus der Zahlensymbolik der Pythagoreer klar. Sie unterschieden weibliche und männliche Zahlen: gerade Zahlen betrachteten sie als weiblich, ungerade (bis auf die 1) als männlich. Das scheint an den Haaren herbeigezogen zu sein und doch kann man sich etwas dabei denken. Ob es stimmt, ist eine andere Frage. Der Gedanke ist der: Die weiblichen Zahlen beschreiben einen Satz von Paaren. Das passt zu der Vorstellung, dass Frauen die Harmonie, möglichst paarweise, suchen. Umgekehrt bleibt bei den männlichen Zahlen immer ein ungepaartes Element übrig. Dahinter steht die Hypothese, dass Männer zum Einzelgängertum neigen. Wie viel an solchen Bildern Vorurteil ist und wie viel wirklich „dran" ist, sei dahingestellt. Wer jedoch irgendwelche Einschätzungen unbesehen als „Vorurteile" abtut, könnte wichtige Informationen übersehen. Auch Vorurteile sind ja irgendwann entstanden und zwar nicht aus dem luftleeren Raum. Es wird Anlässe gegeben haben, die dann abgeändert oder übertrieben wurden. Geht man davon aus, dass die jüngeren Vorurteile von Männern geprägt wurden, so kann man immerhin sagen, dass die Männer sich selbst so gesehen haben könnten. Es würde heißen, dass sie ihre mangelnde soziale Kompetenz verbrämt haben, indem

sie das Image vom „einsamen Wolf" ge-
pflegt haben, der ohne die anderen aus-
kommt. Auch das sollte man nicht verall-
gemeinern, aber es könnte doch ab und an
zutreffen.

Die Zahlenspielerei ging noch weiter:
Erst die Kombination des weiblichen mit
dem männlichen Prinzip ergibt die Voll-
kommenheit. Multipliziert man die erste
weibliche mit der ersten männlichen Zahl,
so ergibt sich als Produkt 2x3=6, wobei 6
die erste vollkommene Zahl ist, d.h. eine
Zahl, die gleich der Summe ihrer Teiler ist:
6=1+2+3. Man kann Philosophisches in solche Zahlenspielereien hineininterpretieren,
aber die tatsächliche Aussagekraft ist doch
mehr oder weniger gleich Null. Sie mögen
einst zu Erstaunen geführt haben, heute
sind sie nur noch amüsant.

Wie gesagt werden einzelne Menschen
sich durch die Archetypen falsch klassifi-
ziert fühlen, aber um einzelne Menschen
geht es in diesem Fall nicht. Ferner könnten
nicht-binäre Menschen Anstoß daran nehmen, dass im Yin und Yang nur von Frau

und Mann die Rede ist. Man könnte einwenden, dass die Gender-Identitäten doch weitaus vielfältiger sind. Dass sich trotzdem die beiden am weitesten verbreiteten Genderformen als Archetypen zuerst etabliert haben, hängt mit der Tatsache zusammen, dass die Ausbildung von Archetypen ihrer Natur nach eine Vereinfachung beinhalten muss. Das heißt jedoch nicht, dass das Unbewusste des Kollektivs der Menschheit nicht dennoch weitere Gendervariationen und sexuelle Orientierungen annehmen kann. In der Tat ist in der Menschheitsgeschichte zumindest noch eine homosexuelle Phase bekannt geworden. Dazu später mehr.

Es ist immer wieder wichtig, das Verhalten der Individuen von dem des Kollektivs zu unterscheiden. Das ist ganz einfach: Einzelne Männer können für feministische Positionen kämpfen und einzelne Frauen können männliche Taktiken verwenden, um für ihre Rechte zu kämpfen. Das sagt erst einmal nichts darüber aus, ob das Kollektiv weiblich oder männlich ist.

Ein Beispiel: Die Frau ist vom Archetyp her friedlich, der Mann kämpferisch. Die höhere Aggressivität der Männer geht wohl auf den Einfluss der Hormone zurück (Hashikawa, Hashikawa, Lishinsky, & Lin, 2018). Diese Entwicklung beruht wahrscheinlich darauf, dass sich bei männlichen Individuen die Aggression stärker ausbilden musste als bei Frauen, damit sie Sexualpartner, Nahrung und Status erringen konnten (van Vugt, 2006). Es handelt sich dabei um eine archetypische Klassifizierung, nicht um eine statistische Tatsache. Ohne jeden Zweifel gibt es schließlich kämpferische Frauen und friedfertige Männer. Die Individuen müssen sich nicht so verhalten, wie es der Archetypus suggeriert. Für das kollektive Unbewusste gilt im Gegensatz zum Individuum, dass es sich nach den Archetypen richtet. Es ist als Massenphänomen von Pauschalbegriffen gesteuert. Die Aussage, dass das kollektive Unbewusste der Menschheit in der überschaubaren Vergangenheit bis jetzt männlich war, bedeutet demnach, dass es dem Archetyp des Mannes entsprach und daher kämpferisch war. Dass die Menschheit als

Kollektiv bis in die Gegenwart kämpferisch war, beweisen die unzähligen Kriege, die sie geführt hat.

Das hieße, dass die kollektive Psyche der Menschheit männlich ist, jedenfalls bisher noch. Man könnte auch sagen, dass der Charakter des Verhaltens der Menschheit bisher noch männlich ist.

Den Zusatz „Bisher" gibt es deshalb, weil man in letzter Zeit verstärkt dazu übergeht, Kriege durch Deeskalation zu vermeiden, und Sanktionen statt Truppen einsetzt. Das scheint auf weibliche Verhaltensweisen hinzuweisen, da Frauen ihrem Archetyp nach kommunikativer sind als Männer.

Findet da ein Wandel in der Psyche der Menschheit von männlich zu weiblich statt?

Wodurch wird diese Vermutung gestützt? Konfrontationen werden vermieden, der Dialog wird gesucht. Archetypisch weibliche Verhaltensweisen! Das gilt für Nationen wie für kleinere Gruppen. Man schließt sich in Bündnissen zusammen. Konventionelle Kriege werden überflüssig gemacht. Sie werden durch hybride Kriegsführung ersetzt, d.h. Propaganda, Sanktionen, verdeckte Operationen, terroristische Unterwanderung und Partisanenangriffe.

Die Vermeidung des offenen Kampfes zugunsten von heimlichen Sticheleien kann als archetypisch weibliche Verhaltensweise charakterisiert werden. Auch hierbei gibt es einen realen Hintergrund: „Frauen sind oft nachgiebig und kompromissbereit", konstatiert Gertrud Nunner-Winkler (Nunner-Winkler, 1994). Frauen kämpfen möglichst nicht, wenn es nicht ausdrücklich von den Männern gewünscht wird. Männer schon. In Gefahrensituationen kämpfen Männer, Frauen fliehen. Deshalb haben Männer den kräftigeren Körperbau und Frauen die längeren Beine.

Tatsächlich weisen erste Untersuchungen darauf hin, dass die Gefahr eines Krieges zwischen zwei Ländern sinkt, wenn in beiden Staaten Frauen in den Parlamenten sitzen (Regan & Paskeviciute, 2003).

Da stellt sich die Frage: Sind Frauen wirklich friedlicher? Schließlich gibt es doch die sprichwörtlich gewordene „Stutenbissigkeit". Dazu muss einschränkend gesagt werden, dass dieser sogenannte „Zickenkrieg" hauptsächlich dann stattfindet, wenn Frauen unter sich sind, nicht dagegen in gemischten Teams (Balliet, Li, Macfarlan, & Van Vugt, 2011). Diese Verhaltensweisen haben Eingang gefunden in das archetypische Bild vom „zänkischen Weib". Der Archetypus der Frau beinhaltet also das Attribut „zänkisch" und dieses ist zu unterscheiden vom Attribut „kämpferisch" des männlichen Archetyps.

Das findet sich wieder in der Verhaltensweise der Menschheit. Zankereien zwischen Staaten gibt es immer noch, vielleicht sogar mehr als früher. Aber lieber das als Kriege! Lieber Herumgezicke als Mord und Totschlag. Das zeigt sich ja schon auf dem Schulhof. Während die Mädchen sich schlimmstenfalls an den Haaren ziehen, schlagen Jungen sich die Nase blutig oder rammen sich ein Messer in den Bauch.

Wenn also dadurch Kriege entfallen, kann der Wandel der kollektiven Psyche der Menschheit von männlich zu weiblich als vorteilhaft angesehen werden. Leider sind wir in der Realität noch nicht ganz so weit, wie man sich wünschen könnte, aber es sollte nicht mehr allzu lange dauern.

Nicht alles ist schon immer in den Archetypen enthalten. Manches findet erst langsam dort Eingang. Letztlich können auch weitverbreitete nicht-archetypische Verhaltensweisen das kollektive Unbewusste der Menschheit beeinflussen. Bekannt ist das Verhalten von Frauen und Männern in Gruppen: Männer bauen Hierarchien auf, Frauen bilden Netzwerke (Schwarz, 2007, S.235). Die Problemlösungen werden in einer Hierarchie von oben nach unten delegiert und zügig erledigt. In einem Netzwerk wird selbstorganisiert gearbeitet, manche Arbeitsschritte werden doppelt gemacht, zuweilen mit unterschiedlichen Ergebnissen, die dann miteinander abgeglichen werden müssen. Das kostet Zeit, hilft aber, mögliche Fehler zu erkennen und neue Einsichten zu gewinnen.

Die entsprechenden männlichen Staatsformen sind Diktatur und Monarchie, die entsprechende weibliche ist die Demokratie. Im Lauf der letzten 400 Jahre ist die Demokratie wiederentdeckt worden und hat sich immer weiter verbreitet, ein deutliches Zeichen, dass die Welt weiblich wird.

Man könnte einwenden, dass in unserer Demokratie immer noch die meisten Politiker Männer seien. Dazu erstens: Das ist zur Zeit vielfach noch richtig, ändert sich aber zusehends. Zweitens, und das ist das Entscheidende, sind es nicht die Repräsentanten, die ausmachen, ob die kollektive Psyche einer Gesellschaft männlich oder weiblich ist. Es sind die vorherrschenden Ideale und Verhaltensweisen im Großen. Es ist das, was allgemein als richtig akzeptiert wird.

Man diskutiert eben heute lieber, als sich um Entscheidungen zu prügeln. Man möge mir verzeihen, wenn ich dabei daran denken muss, dass Kaffeekränzchen gern von Frauen veranstaltet werden, dagegen Hahnenkämpfe von Männern.

Wenn man die Details betrachten will, muss man weiter über die Archetypen hinhausgehen und Verhaltensweisen betrachten, die sich im Lauf der Zeit als liebenswert herauskristallisiert haben. Das Ehepaar Pease hat beobachtet, dass Männer sich zielorientiert verhalten, Frauen dagegen vorgangsorientiert (Pease & Pease, 2002, S. 195). Dazu gehört, dass Männer Pläne machen, Frauen aber spontan handeln. Alles natürlich nur in grober Verallgemeinerung. Aber man muss den Spuren nachgehen.

Auch diese Aspekte äußern sich nämlich in der Welt der Gesellschaftssysteme: Die kommunistische Planwirtschaft stellte eine noch männlich geprägten Gesellschaft dar. Sie wurde nach Jahrzehnten des real existierenden Sozialismus von der sozialen Marktwirtschaft abgelöst. Die Marktwirtschaft trägt wiederum weibliche Züge wie Dezentralisierung und Demokratisierung.

Die Synthese könnte der demokratische Sozialismus sein. Dazu später mehr.

Bedeutet das alles nun wirklich, dass die kollektive Psyche der Menschheit bisher männlich war und langsam weiblich wird, und, wenn ja, warum ist das so und was folgt daraus?

Das Weiblich-Werden der Menschheit

Die erste Frage kann mit „Ja" beantwortet werden: Ja, die Menschheit wird langsam weiblich. Es gibt viele Aspekte, die diese These stützen.

Von der Neigung der männlichen Menschheit zu Kriegen wurde schon gesprochen.

Was sich in der Evolution herausgebildet hat: Männlich ist die kämpferische Konfrontation, weiblich die verschleierte indirekte Aktion. Kriege sind also typisch männlich, Frauen tragen ihre Konflikte anders aus und halten den Anschein des Friedens aufrecht. Schon Aristophanes hat in seiner Komödie „Lysitratra" erzählt, dass die Frauen von Athen und Sparta ihre Männer vom Krieg der beiden Städte gegeneinander abgebracht hätten, indem sie alle in den Ehestreik getreten wären. So war es in Wirklichkeit zwar nicht, aber die

Idee zeigt, dass Frauen in der Hinsicht viel vernünftiger sind als Männer.

Heute beginnt man tatsächlich damit, Kriege überflüssig zu machen. Hybride Kriegsführung und Sanktionen wurden schon erwähnt. Das wurde auch höchste Zeit, da sonst die Selbstvernichtung der Menschheit droht.

Der Ukraine-Krieg wirkt da wie ein Relikt aus vergangenen Zeiten. Solche Rückschritte wird es immer geben, aber statistisch gesehen werden konventionelle Kriege (hoffentlich) seltener werden. Der Ukraine-Krieg wird überdies von manchen nur als ein Stellvertreterkrieg angesehen, der kontrolliert werden muss, damit er nicht zum Dritten Weltkrieg ausartet. Auch bei diesem Krieg besteht die Hoffnung, dass Sanktionen ihn beenden könnten.

Das Konzept, weibliche Denkweisen in der Außenpolitik stärker einzusetzen, äußert sich auch in dem Bemühen um eine feministische Außenpolitik (Lunz, 2022), die bereits in einigen Ländern angestrebt wird. Dies ist eindeutig ein Symptom der weiblich werdenden Welt. Der Feminismus und die verschiedenen Frauenbewegungen ebnen den Weg für eine weibliche Welt. Die Programme geben die Richtung vor. Natürlich lässt sich die Zukunft nicht in allen Details vorhersagen. Es entspricht gerade der weiblichen Vorgehensweise, die Dinge nicht in toto vorherzusagen, sondern gezielt an den Stellen, wo es nötig ist, einzugreifen.

Der Wandel der Menschheit zeigt sich schon früh im Leben eines jeden Menschen. Nehmen wir das Schulalter! Bereits in der Schule wird die Vermittlung von Faktenwissen gegenüber der Vermittlung von Soft-Skills wie kommunikativen Fähigkeiten mehr und mehr zurückgenommen. Diese Soft-Skills sind Fähigkeiten, die Frauen besser beherrschen als Männer. Übertrieben formuliert: Männer sind stark bei Sachfragen, Frauen bei Empathie. Das trifft wiederum nicht in allen Einzelfällen zu, scheint aber statistisch relevant zu sein (Christov-Moore, et al., 2014).

Die Schüler von heute sollen in einer weiblich ausgerichteten Welt besser zurechtkommen. Unsere Vorfahren hätten nicht verstanden, dass man auch ohne Latein und Altgriechisch Abitur machen kann. Heute kann man es. Dafür verfügen die Schüler von heute über mehr soziale Kompetenz als die von damals. (Das hoffen wir jedenfalls. Es muss sich noch zeigen.)

Die lückenhafte Fachausbildung macht sich später bemerkbar. In der Politik finden sich auch auf exponierten Ämtern immer öfter Kandidaten, die über eine miserable oder gar keine Berufsausbildung verfügen. Das ist jedoch nicht schlimm, wie die folgenden Überlegungen zeigen werden.

Holen wir etwas aus! Frauen kümmern sich um die Kleinigkeiten, die Details, Männer geben sich damit nicht ab – sie wollen die ganz großen Dinge vollbringen. Das war schon immer so: Frauen hielten die Höhle sauber, Männer jagten das Großwild. Nicht ohne Grund erzählt das Märchen „Aschenputtel" von einer idealen Frau, die Erbsen sortiert. Wer will, kann raten, ob die heutige Bürokratie mit ihrer Erbsenzählerei männlich oder weiblich geprägt ist. Auch in dieser Hinsicht sind wir also schon sehr weit im Wandel fortgeschritten. Leider bedeutet das auch: Die Bürokratisierung underes Lebens wird in der weiblich werdenden Welt noch zunehmen.

Man könnte nach den großen politischen Entscheidungen fragen. Gibt es die denn gar nicht mehr in der weiblich werdenden Welt? Doch, es gibt sie, aber sie werden in viele kleinere fachliche Fragen aufgebrochen und in Teams bearbeitet. Das Parlament wird beteiligt, die Verantwortung wird aufgeteilt. Man wühlt sich praktisch in die Lösung hinein, so dass es kaum den einen Zeitpunkt gibt, zu dem eine einzelne Person eine einzige Entscheidung trifft. So werden die Fehler minimiert, die jede einzelne Person immer machen könnte.

Das erklärt nun auch, warum die mangelnde Ausbildung von Politikern kein Problem darstellt. Die Inkompetenz des oder der Einzelnen wird vom Team aufgefangen. Es ist eine bekannte Tatsache, dass in vielen Fällen ein Team Probleme lösen kann, die eine einzelne Person nicht lösen kann. Hilft es, wenn das Team desto größer ist, je inkompetenter die beteiligten Personen sind? Das ist nicht geklärt. Vielleicht läge aber hierin eine Erklärungsmöglichkeit, warum unser Regierungsapparat immer weiter aufgebläht wird.

In einer weiblichen Welt sollte sich noch eines zeigen: die weibliche Empathie. Tests an Babys zeigen, dass Frauen von Geburt an stärker zur Empathie neigen als Männer (Baron-Cohen, 2004).

Diese emotionale Stärke der Frauen hat auch eine Kehrseite: ihre emotionale Verletzlichkeit. Beides, die Stärke und die Schwäche, findet sich in der weiblich werdenden Welt wieder. Die emotionale Stärke der Menschheit zeigt sich in der Fürsorge für die Schwachen, die emotionale Verletzlichkeit in der Zunahme psychischer Probleme in der modernen Gesellschaft.

Schon Stephen Hawking argumentierte (Hawking, 2015): Aggression zerstört die Menschheit, Empathie könnte sie retten. In die Gendersprache übersetzt heißt dies: Männliche Eigenschaften gefährden die Menschheit, weibliche könnten sie retten. Also: Das Weiblich-Werden der Menschheit könnte sie retten.

Früher gehörte es zum Leben dazu, dass junge Männer nach der Schule ihren Wehrdienst ableisten mussten. Der Militarismus hat zu gewissen Zeiten das ganze Denken der Gesellschaft beeinflusst. Er war ein Symptom der damals noch männlichen Gesellschaft. Heute ist die Wehrpflicht in vielen Ländern abgeschafft. Militarismus ist verpönt, weibliche Ansichten geben den Ton an.

Um auch unangenehme Kleinigkeiten zu erwähnen: Dass die medizinischen Pflegekräfte in der Corona-Krise mit ein paar warmen Dankesworten abgespeist wurden, ist ebenfalls Zeichen der weiblichen Gesellschaft, in der Worte mehr zählen als Sachleistungen. In einer männlichen Gesellschaft wären nur handfeste Verbesserungen der Arbeitsbedingungen der betreffenden Kräfte als

Kompensation akzeptiert worden. Wird sich daran etwas ändern? Ja! Die Dankesworte werden bleiben und sie sind für sich genommen auch nicht schlecht. Was sich aber ändern wird, ist, dass Frauen besser bezahlt werden werden und dass ihre Arbeit auch ohne Anlass gewürdigt werden wird. Sie werden hoffentlich eines Tages nicht mehr um handfeste Verbesserungen ihrer Arbeitsbedingungen kämpfen müssen, sondern werden sie als selbstverständlich gewährt bekommen.

Kann man den Einfluss des Weiblich-Werdens auch in ganz großem Maßstab feststellen? Abermals ja! Nehmen wir die Überbevölkerung der Erde. In der männlichen Phase der Menschheit vervielfältigte sich die Zahl der Menschen explosionsartig, bis die Erde aus allen Nähten platzte. Erst in neuerer Zeit (ab 1970) geht die Geburtenrate wieder etwas zurück. Das ist kaum auf bewusste Entscheidungen zurückzuführen. China hatte zwar so etwas seinerzeit mit der sogenannten Ein-Kind-Politik versucht. Diese führte bekanntlich zu Problemen und musste wieder aufgegeben werden. Nein, global gesehen sind bei der Eindämmung der Überbevölkerung Käfte des kollektiven Unbewussten am Werk.

Bei der Suche nach den Gründen für den Rückgang der Geburtenraten liegt Folgendes nahe: Der Mann versucht, sein Erbgut möglichst weit zu verbreiten; er will viele Kinder. Das könnte bei der Entstehung der Überbevölkerung für eine männliche Menschheit sprechen. Aber wie ist die einsetzenden Stagnation des Wachstums mit dem Weiblich-Werden der Menschheit in Einklang zu bringen?

Die Frau ist für das Großziehen der Kinder verantwortlich – mehr noch als das: Sie ist ihnen enger verbunden als der Mann. Das bedeutet aber auch, dass sie nur so viel Kinder in die Welt setzen will, wie sie auch versorgen kann. Geburtenkontrolle ist eine Domäne der Frauen. Sollte sie zumindest sein, auch wenn die männlich geprägte katholische Kirche den Frauen das lange streitig machen wollte.

Eine weibliche Menschheit, die an die Grenzen der Überbevölkerung stößt, wird ihre Vermehrung drosseln. So ist auch hier der Einfluss der weiblich werdenden Menschheit zu spüren. In ihrem Bestreben, das Beste für ihre Kinder zu tun, bremst sie das Bevölkerungswachstum.

Natürlich gibt es auch eine sehr viel einfachere Erklärung: Ab Ende der 1960er Jahre gab es die Antibabypille. Das kann den Geburtenrückgang erklären, widerlegt aber nicht das psychologische Argument. Schließlich kann man einwenden, dass die Entwicklung der Pille gerade aus dem Wunsch nach Geburtenkontrolle einer weiblich werdenden Gesellschaft entstanden sein dürfte. Damit schließt sich der Kreis.

Frauen fragen, Männer behaupten – so scheint es zuweilen. Was ist dran an dieser Wahrnehmung? Das Testosteron führt bei Männern zu einem verstärkten Konkurrenzverhalten (Eisenegger, Kumsta, Naef, Gromoll, & Heinrichs, 2017), das sich in übersteigertem Selbstvertrauen und Imponiergehabe äußert. Der Mann stellt seine Meinung als unumstößlich hin. Daher kommt für ihn nicht in Frage, Rat zu suchen.

Diese männliche Überheblichkeit führt dazu, dass Männer ungern fragen, während Frauen kein Problem damit haben zu fragen und dies sogar gern tun. Ihre kommunikative Stärke begünstigt das.

Die Konsequenzen sind bekannt: Jeder vierte Mann, der sich verfahren hat, irrt mindestens eine halbe Stunde durch die Gegend, bevor er nach dem Weg fragt (Mayerowitz, 2010). Eine Minderheit von 12% der Männer fragt sogar überhaupt nicht nach dem Weg. Keiner weiß, was aus denen geworden ist. Umgekehrt fragen drei Viertel der Frauen sofort nach dem Weg.

Es ist wie in dem alten Witz: Warum sind Millionen Spermien notwendig, um eine Eizelle zu befruchten? Weil die Spermien männlich sind und nicht nach dem Weg fragen.

Diese Verhaltensweisen haben Folgen in der Kommunikation. Überspitzt formuliert: Während Frauen sich im Gespräch für die Standpunkte ihrer Gesprächspartner interessieren, glauben Männer, die Weisheit gepachtet zu haben und hören nicht zu (Pease & Pease, 2000). Natürlich völlig zu Unrecht: Männer wissen meist auch nicht mehr als die Frauen, aber es gehört zu ihrem Imponiergehabe, sich überlegen zu geben. Dabei übersehen sie, dass erst aus dem Meinungsaustausch Neues entsteht.

Die genannten Verhaltensweisen sind auch dadurch zu erklären, dass Frauen das soziale Klima in der Familie und der Gruppe pflegen, Männer aber ihre Ansprüche in der Rangfolge durchzusetzen versuchen. In der Höhle mussten die Frauen die Alltagsgeschäfte verrichten und konnten sich dabei absprechen, während die Männer auf der Jagd in Sekundenbruchteilen handeln mussten.

Fragen und Zuhören sind also weibliche Stärken. In unserer heutigen Gesellschaft ist das Fragen wichtiger geworden denn je. Unsere gesamte Wissenschaft beruht darauf, Fragen gestellt zu haben. Das gab es auch schon in der Antike, wobei es da auf Einflüssen aus Griechenland beruhte, dessen kollektive Psyche zu jener Zeit homosexuell orientiert war. Dazu später mehr.

Das Fragen wurde lange vernachlässigt und erst mit dem Beginn der Neuzeit um 1500 wieder neuentdeckt, zur Zeit der Renaissance, der Wiederbesinnung auf die Antike. Davor beherrschte im Mittelalter die Kirche mit ihren dogmatischen Aussagen alle Bereiche des Lebens. Die Bibel verlieh den Geistlichen ihre Autorität und durfte nicht in Frage gestellt werden.

Man kann also ab ungefähr 1500 mit dem Einsetzen einer Kultur des Fragens rechnen und damit verbunden mit dem Einsetzen des Weiblich-Werdens der Menschheit. Stufenweise wurden die Kirchen entmachtet.

Mit der Entmachtung der Kirchen büßen die kirchlichen Werte an Wichtigkeit ein. Sie gehen jedoch nicht verloren, sondern werden durch gefühlsmäßig erfasste Werte ersetzt. Nächstenliebe, karitative Tätigkeiten müssen nicht mehr von einer autoritären Kirche verordnet werden, sie werden in der neuen Welt praktiziert, weil sie von den Gläubigen selbst aus den Lehren des neuen Testaments entnommen werden. Man braucht keine Hermeneutik mehr, sondern versucht, die Botschaft selbst zu verstehen.

Was die Jenseitsvorstellungen betriff, so hat man eingesehen, dass man über das Jenseits nichts wissen kann. Was daher geschehen wird: Man wird die gängigen Doktrinen durch ein intuitives Urvertrauen in Gott ersetzen (Liegener, 2020b) und auf dogmatischen Zwang verzichten. Wir werden darauf vertrauen, dass das Schicksal für jeden von uns mit der Vollendung seines irdischen Lebens gut wird.

Wie soll das gehen?

In der weiblichen Welt sieht man das irdische Leben als eingebettet in etwas unbekanntes Größeres. Dieser Gedanke, der aus dem Pantheismus stammt, ist inzwischen in der weiblichen Welt geläufig geworden: „Wir wissen nichts über das Jenseits ..., außer dass es etwas Größeres sein dürfte, etwas, in das unsere irdische Existenz eingebettet ist." (Liegener, 2016, S. 82). Genau das findet sich oft bei Frauen: „Das Grundgefühl des Eingebettet-Seins in einen größeren Zusammenhang haben uns viele Frauen geschildert", berichten Imdahl und Steeger (Imdahl & Steeger, 2022, S.86.)

Diese weibliche Haltung ist Ausdruck eines Vertrauens. Es ist ein blindes Vertrauen, ein Vertrauen, wie wir es im Kindesalter von unseren Müttern gelernt haben, ein ursprüngliches Vertrauen in das absolut Gute in der Welt, ein Urvertrauen auf Gott.

Das Bild, das wir uns von Gott machen, wird sich ändern. Nicht, dass wir zur Verehrung von Naturgöttinnen zurückkehren wie wir sie als Jäger und Sammler hatten, als wir uns schon einmal – das sei vorweggenommen – in einer weiblichen Welt befanden, nein, wir sind auf einer höheren Ebene angelangt, haben vieles dazugelernt, das wir jetzt neu interpretieren können. Mit den Worten Wittgensteins können wir die Leiter wegwerfen, nachdem wir darübergestiegen sind.

Der Unterschied zum Dogmatismus besteht darin, dass man über Gott nichts wissen muss. Er spielt die Rolle, die unsere Eltern in der Kindheit gespielt haben. Das gibt uns Sicherheit, ohne dass wir explizit etwas dafür tun müssen. Wie Kinder erwidern wir andererseits diese empfangene Liebe und fühlen ein Bedürfnis, uns nach den Wünschen unseres Beschützers zu verhalten. Wir befolgen Gottes Gebote aus Liebe und Dankbarkeit, nicht aus Angst vor Strafe.

Die sogenannte Gemeindearbeit wird bleiben und sogar wichtiger werden. Die Geistlichen und ihre Helfer werden die Menschen in allen Lebensbereichen unterstützen – tatkräftig und durch Beratung: durch Trost und Vermittlung von Kontakten, durch die sprichwörtliche „Speisung der Armen" und Hilfe bei Amtsgängen.

Die Frage nach dem Jenseits braucht in der weiblichen Welt nicht so detailliert beantwortet zu werden wie in der männlichen. In der männlichen Phase der Menschheit hat man gewaltige theologische Gedankengebäude aufgetürmt, um die Aussagen über das Jenseits zu untermauern. Theologie wurde zu einer Wissenschaft. Das sollte überzeugend wirken. Das Gegenteil war der Fall. Die überkonstruierten Gedankengebäude wirkten inkonsistent und angreifbar. Manchmal ließ sich die Kirche auf die Argumentation ein und endlose Streitgespräche entstanden. Oft wurden aber die Ketzer einfach verbrannt. Das dunkle Kapitel der Inquisition ist glücklicherweise abgeschlossen.

Heute sieht man die Fragen gelassener. Wie schon oft betont (Pease & Pease, 2002, S. 195), verhalten sich Männer zielorientiert, Frauen dagegen vorgangsorientiert. Im Kontext des Lebensverständnisses heißt das: Männer brauchen ein Ziel, auf das man hinarbeitet – das ist im Fall des Lebens das Jenseits. Frauen brauchen das nicht. Frauen würdigen den Verlauf des Lebens, wie es ist. Das ist, was ihnen geschenkt worden ist, und sie sind dankbar dafür. Männer sind im Grunde undankbar: Sie sind mit diesem einen Leben nicht zufrieden, sondern wollen mehr: ein weiteres Leben, ein ewiges Leben nach dem Tod.

Die Ewigkeit kann ziemlich lang werden. Weder physisch noch psychisch ist der Mensch dafür geschaffen. Das ewige Leben ist eher ein Bild dafür, dass unser Leben Teil von etwas Größerem ist.

In gewisser Weise ist es schon verständlich, dass man auf eine Art „Fortsetzung" hofft, aber diese Hoffung ist doch zu sehr auf den Aspekt der Zeit abgestellt. Unterscheidungen von „vor" und „nach" dem Tod sind anthropogen. Die Zeit hat nur für uns lebende Menschen Bedeutung. Das Raum-Zeit-Kontinuum ist ein unveränderliches Ganzes, eine große Harmonie, derer wir teilhaftig werden. Unsere Zeitlosigkeit in diesem Ganzen kann am ehesten mit einem Traum verglichen werden.

Der weibliche Ansatz wäre, im Diesseits Gutes zu wirken. Die Hoffnung bleibt dabei trotzdem bestehen, dieses „Gute" in die Zeitlosigkeit hinübernehmen zu können.

Eine theologische Begründung würde immer angreifbar bleiben. Daher verzichtet man darauf. In der weiblichen Welt geht man direkt auf die Archetypen des Göttlichen, der Erlösung und des Seelenheils zurück, ohne sich die Mühe zu machen, alles im Detail zu erklären. Die weibliche Stärke des Vertrauens hilft, sich in diese Hoffnung fallen zu lassen. Der Umgang mit unserer Sterblichkeit wird einfacher. Es bleibt nur die typisch weibliche Art, damit umzugehen: sich zu fügen und sich überraschen zu lassen.

Weitere Indizien für eine weiblich werdende Welt

Es gibt so viele weitere Anzeichen einer weiblich werdenden Welt. Man sollte sie cum grano salis nehmen – also nicht zu ernst. Aber in der Summe ergeben sie doch eine Indizienkette, die zumindest nachdenklich stimmen müsste. Nehmen wir noch dies: Frauen zerteilten und verwalteten in der Höhle die erlegten großen Tierkadaver, also die Jagdbeute, die die Männer nach Hause gebracht hatten. Für die Männer war der Fall erledigt, wenn sie das Wild auf den Boden der Höhle warfen; die folgende Kleinarbeit blieb Sache der Frauen. Das könnte erklären, dass Männer dazu neigen, großzügig mit Gütern umzugehen, Frauen dagegen ökonomisch. Frauen versuchen, das Geld zusammenzuhalten, das den Männern nur so durch die Finger rinnt. So ist es oft noch immer in unserer Welt: Sparsamkeit ist weiblich. Die heute so populäre Geiz-ist-geil-Mentalität ist ein weiteres Anzeichen einer immer weiblicher werdenden Welt. Das ist nicht nur im Privaten so, auch bei Unternehmen stellen die Einsparungen einen der wichtigsten Punkte in der Bilanz dar. Selbst da herrschen heute schon weibliche Denkmuster!

Und noch eins: Männer stehen unter einem kontinuierlichen Leistungsdruck, müssen konstant ihre Ergebnisse abliefern, während Frauen in Zyklen leben, schon aufgrund ihrer Menstruation Höhen und Tiefen zulassen müssen (Imdahl & Steeger, 2022, S.135ff). Das lässt sich in den Lebenskonzepten der männlichen und der weiblich werdenden Welt wiederfinden. Im Mittelalter verrichteten die Männer ihr ganzes Leben lang dasselbe Handwerk, das sie meist schon von ihren Eltern übernommen hatten, die Frauen saßen ihr ganzes Leben lang am Herd. Also eine gewisse Unveränderlichkeit.

Heute dagegen üben sich sowohl Männer als auch Frauen im Job-Hopping und bilden Patchwork-Familien. Beruf und Familie werden immer wieder gewechselt. Man lebt in Zyklen. Auch hier setzt sich die weibliche Lebensweise durch.

Wenn man weiter abstrahieren möchte, kann man in unserer Gesellschaft einen allgemeinen Wertewandel beobachten, auf den Inglehart aufmerksam gemacht hat (Inglehart, 1995): Dieser Wertewandel hat sich in den 60er und 70er Jahren des 20. Jahrhunderts besonders klar herauskristallisiert und äußert sich darin, dass sich der Schwerpunkt dessen, was den Menschen wichtig ist, von materialistischen zu postmaterialistischen Werten verschiebt. Materialistische Werte bezeichnen solche wie körperliches Wohlergehen, Sicherheit und Unversehrtheit. Es sind Werte, an denen sich vor allem Männer orientieren. Sie mussten die handfesten Kämpfe zur Sicherung des Stammes austragen, seine Existenz sichern.

Postmaterialistische Werte hingegen sind solche, die über das Existenzielle hinausgehen und stattdessen die Lebensqualität betreffen: Glück, Gesundheit, Geselligkeit, Kultur. Es sind Werte, um die sich hauptsächlich die Frauen kümmern, die „kleinen" Dinge des Lebens. Frauen machten die Höhle wohnlich, versorgten die Verwundeten, zogen die Kinder auf und verwöhnten ihre Männer. Damit kann der Wertewandel der 60er und 70er Jahre als ein weiteres Symptom für einen Wandel der Werte der Menschheit von männlichen zu weiblichen Werten angesehen werden.

Noch ein bekannter Unterschied zwischen Frauen und Männern gehört in den Zusammenhang: Aufgrund ihres kräftigeren Körperbaus, eine Folge der Testosteronausschüttung, sind Männer physisch leistungsfähiger als Frauen, was sich im Sport zeigt (Hoppeler, Lüthi, Claassen, Weibel, & Howald, 1973). Insofern setzte man in der Vergangenheit Männer für die körperlich schweren Arbeiten ein. In unserer heutigen Welt haben wir für die schweren Arbeiten Maschinen konstruiert, während die Menschen nur noch die Maschinen bedienen müssen. Folglich ist die männliche Kraft überflüssig geworden und damit die Wichtigkeit des Mannes auf andere Fähigkeiten als seine körperliche Stärke reduziert worden. In immer mehr entscheidende Positionen können nun Frauen vorrücken. Noch entspricht die Wertigkeit der Positionen nicht der Bedeutung der Frauen. Es muss nachgeholfen werden. Gesetzlich ist die Gleichberechtigung von Frau und Mann bereits geregelt. Quotenregelungen versuchen, diese Regeln in der Praxis umzusetzen.

Früher wurde der Wert eines Menschen durch seine Leistung definiert – typisch männlich; denn für Männer entscheidet Leistung (Frerichs, 1997, S.130). Heute zählt die soziale Kompetenz – Domäne der Frauen. Individuelle Charakterzüge werden wichtiger, als ein Rädchen im Getriebe zu sein. Männer nussten funktionieren, Frauen konnten immer schon individuell sein. Im Zuge des Weiblich-Werdens der Welt wird Individualität deutlich wichtiger. Im 19. Jahrhundert kommt der

Spruch auf: „Sei du selbst!", belegt bei Friedrich Nietzsche und Oscar Wilde.

Noch einmal zurück zu einer schon erwähnten Gender-Charakterisierung des Ehepaars Pease (Pease & Pease, 2002, S. 195): Männer gehen zielorientiert vor, Frauen vorgangsorientiert. Mit anderen Worten, Männer wollen ihre Aufgabe schnell erledigen und dann ruhen, Frauen wollen mit ihrer Arbeit die Zeit strukturieren. Bei unseren in Höhlen hausenden Vorfahren hieß das bei den Männern: Unter kurzfristiger Aufbietung aller Kräfte das Wild zu erlegen und dann die Kräfte zu regenerieren, während die Frauen alles andere erledigten: Zubereitung des Wildes, Beaufsichtigung des Feuers, das Kümmern um die Kinder, Herstellung von Kleidung usw. Sie mussten Multi-Tasking beherrschen – im Gegensatz zum Mann.

Dass wir uns jetzt in einer Phase befinden, wo man eher vorgangsorientiert vorgeht, wo also der Weg wichtiger ist als das Ziel, spiegelt sich wider in dem

Ausspruch „Der Weg ist das Ziel." Es mag amüsieren, dass letzterer Ausspruch nicht nur Lao-Tse, sondern auch Konfuzius zugeschrieben wird. Von beiden gibt es chinesische Textstellen, die, obwohl verschieden, angeblich bei sehr freier Übersetzung in der obigen Form wiedergegeben werden können. Der deutsche Ausspruch hat sich wohl mit der Konnotation, altchinesischen Ursprungs zu sein, erst in den siebziger Jahren, also in der weiblich werdenden Welt gebildet. Hier vermischen sich philosophische Lehren mit weiblicher Lebensweisheit.

In einer weiblichen Welt der Zukunft wird vieles automatisiert sein und wir werden immer mehr Freizeit haben. Das Bedürfnis, diese mit produktiven Tätigkeiten zu füllen, wird nachlassen. Stattdessen werden wir mehr spielen und uns unterhalten lassen. Die Spiele, die gespielt werden, wandeln sich: Männliche Konkurrenzspiele wie „Mensch ärgere dich nicht" werden seltener, weibliche Team-Spiele wie Escape-Rooms werden häufiger.

Der Bedarf an Unterhaltungsangeboten wird zunehmen. Fernsehen wird verbessert werden, interaktiv werden, mit dem Internet verschmelzen und ausgebaut werden. Dabei werden Sitcoms und Social Media zunehmen. Man will das Familiäre. Spielfilme werden qualitativ schlechter: Nicht mehr Qualität ist gefragt, sondern Quantität, um die steigende Nachfrage zu bedienen. Filme werden gestreckt und zu Mehrteilern gemacht. Früher erfolgreiche Spielfilme werden neu nachgemacht und kommen in der Qualität nicht im Geringsten an die Originale heran. Aber sie sind neu. Darauf kommt es an. Neu und modern muss alles sein. Und mit Publicity und Glamour. Shows sind gefragt, unbedingt mit VIPs und solchen, die es gerne wären. Influencer und Laiendarsteller werden viele Schauspieler ersetzen. Das Schönheitsideal wird sich am Alltäglichen orientieren, nicht mehr an männlichen Wunschprojektionen von einer idealen Frau. Unzählige Kochsendungen boomen bereits jetzt. Eigentlich ist Kochen seit der Steinzeit eine weibliche Domäne, aber noch drängen sich auch viele männliche Köche in den Vordergrund.

Weiblich ist die Entwicklung trotzdem. Immer mehr breiten sich Seifenopern aus. Ursprünglich für Hausfrauen konzipiert, werden sie heute von fast allen gesehen. Auch das ist eine Entwicklung zum Weiblichen.

Die Organisationsform der menschlichen Gesellschaft ist in einem Wandel begriffen. Schon erwähnt wurde, dass Hierarchien von Männern errichtet werden, Netzwerke eher von Frauen geknüpft werden (Schwarz, 2007, S.235). Die bisherige männlichen Welt war geprägt von Hierarchien. Sie bestimmten die Regierungsformen. Autokratien werden immer öfter durch Demokratien ersetzt. Leider hat sich dieser Prozess noch nicht allgemein durchgesetzt. Zu schwer wiegt noch das Erbe der Vergangenheit, zu wenig ist die Struktur der Staaten dafür bereit. Aber es wird kommen!

Nicht nur in den Staatsformen zeigen sich Hierarchien. Selbst in Demokratien sind die Parteien inoffiziell oft noch hierarchisch organisiert. Ferner finden sich Hie-

rarchien in mannigfachen Geheimbünden –
von der Mafia bis zu esoterischen Gesell-
schaften. Die Rangordnungen werden
durch Geheimhaltung geschützt. Es ist
noch schlimmer: Selbst im privaten Bereich
wird alles hierarchisch gegliedert. Reicht
die natürliche Organisation von Familie
und Freunden nicht?!

Wie viel Leid schon durch Hierarchien
verursacht wurde! Dazu gehören nicht nur
die Machtkämpfe um den Platz in der Hierarchie, sondern auch die Qualen derer, die
das strenge Reglement der Hierarchien
nicht aushalten. Es ist ja auch barbarisch:
Die Hierarchie steht über allem. Selbst
wenn das wohl für ihre Aufrechterhaltung
notwendig ist, hat es doch seine Nachteile.
Das Wort des Ranghöheren zählt mehr als
der gesunde Menschenverstand. So etwas
erträgt nicht jeder.

In der weiblichen Welt kann man erwarten, dass Hierarchien langsam verschwinden werden. Haben sie bisher unser
Leben bis in den hintersten Winkel durch-
drungen, so wird bald Freiheit einkehren.
Die Fähigkeit der Frauen, über alles zu re-

den und Spaß daran zu haben, wird dazu führen, dass die Geheimniskrämerei der Seilschaften überflüssig werden wird.

Seine Stellung wird der Mensch nicht mehr durch erpresserische Macht festigen, sondern durch in langer Zeit aufgebaute Gewohnheit. Es gibt bereits Menschen, die ohne Hierarchien leben. Ein Beispiel sind die Hikikomori in Japan, die jegliche Sozialisation ablehnen. Es wird mehr Phänomene dieser Art geben.

Die Verdrängung des real existierenden Sozialismus durch die demokratische Marktwirtschaft war schon als ein Symptom des Weiblich-Werdens der Welt angesprochen worden. Sie ist trotzdem etwas überraschend, und zwar deshalb, weil der real existierende Sozialismus neben den männlichen auch schon weibliche Züge trug. Ein Kennzeichen des Kommunismus sollte doch sein, dass keiner durch seine Leistung den anderen überholen sollte. „Jeder nach seinen Fähigkeiten, jedem nach seinen Bedürfnissen", hieß es in der sowjetischen Verfassung von 1936. Das bedeutete eine Abkehr von der männlichen Fixierung auf Leistung. Besonders Männer neigen zu einer Überbewertung von Leistung (Frerichs, 1997, S.130).

In der Höhle teilten die Frauen ihre Werkzeuge, während die Männer sich bei der Jagd und im Kampf nur auf ihre eigenen Waffen verließen. Das war bei dem einzugehenden Risiko unbedingt erforderlich. Dementsprechend gehörte es zur weiblichen Denkweise, dass Produktionsmittel sich im Eigentum der Gemeinschaft befinden mussten, während Männer ihr Eigentum hüteten wie ihren Augapfel. Dieses Ideal der Frauen ging in der männlichen Welt verloren. In der weiblich werdenden Welt entwickelte sich der Sozialismus, in dem wieder die Produktionsmittel ins Eigentum der Gemeinschaft übergingen. Die Fähigkeit der Frauen, miteinander zu teilen, zeigt sich heute auch in der Zunahme von Leasing und Sharing.

Insofern war auch der real existierende Sozialismus bereits ein erster Schritt in

Richtung auf eine weibliche Welt. Leider hatte der real existierende Sozialismus noch zu starke männliche Züge behalten, nämlich durch seine diktatorische Natur und die Planwirtschaft. Ob die Diktatur des Proletariats seinerzeit wirklich notwendig war, mag umstritten sein. Sie kann zur Durchsetzung des Sozialismus notwendig gewesen sein. Zu seiner Aufrechterhaltung sollte sie eigentlich nicht mehr gebraucht werden. Jedenfalls führte sie zu Abwehrreaktionen und schließlich zum Untergang des real existierenden Sozialismus.

In einer weiblichen Welt könnte man erwarten, dass die sozialistische Philosophie in einer demokratischen Form verwirklicht wird. Das harmonische Zusammenleben der Menschen ohne Hierarchien entspricht einem weiblichen Wunschtraum und wird wohl kommen. Ob diese zukünftige Gesellschaftsform dann tatsächlich „demokratischer Sozialismus" genannt werden wird oder ein anderer Name dafür gefunden wird, ist nicht gesagt und auch nicht wirklich wichtig.

Eine philosophischer Überbau wird nicht mehr notwendig sein. Die Anmaßung der Wissenschaft, ein Modell der ganzen Welt zu kontruieren, war noch der männlichen Welt geschuldet. Die neue Gesellschaftsform braucht nicht mit Gewalt durchgesetzt zu werden. Die weiblich werdende Welt wird sich ganz sanft entwickeln.

Das Weiblich-Werden der Welt hört sich positiv an. Also könnte es von der Menschheit begrüßt werden. Freundlichkeit und Mitmenschlichkeit verbreiten sich. Das mag man doch.

Die freundliche Seite der Weiblichkeit lässt sich bereits am Vergleich des Körperbaus von Frauen und Männern ablesen: Die weibliche Brust dient der selbstlosen Ernährung des Säuglings, das Bindegewebe des Körpers der Zartheit im Umgang miteinander. Im Gegensatz dazu dienen die Muskeln und der Körperbau des Mannes dem Kampf.

Eindeutig ist die weibliche Welt die angenehmere. Warum war die Welt dann vorher männlich? Weil die Menschheit früher um ihren Platz in der Welt kämpfen musste. Dazu eignet sich besser eine männliche Psyche.

Die Entwicklung weiblicher und männlicher Verhaltensweisen in Abhängigkeit von der Anwesenheit oder Abwesenheit von Gefahr hat uns die Natur bei den Affen vorgeführt.

Um das zu sehen, kann man Schimpansen und Bonobos miteinander vergleichen, unsere nächsten Verwandten im Tierreich. Diese beiden Gattungen stammen von gemeinsamen Vorfahren ab, die sich vor zwei Millionen Jahren mit der Entstehung des Kongo-Flusses trennten, da sie nicht schwimmen konnten. Offenbar waren die Lebensbedingungen nördlich des Kongos schwieriger. Die Schimpansen, die sich hier entwickelten, mussten um die knappen Ressourcen mit Gorillas konkurrieren, die nur dort vorkamen, nicht aber südlich des Kongos. Die Bonobos, die sich südlich des Kongos entwickelten, verfügten über ein reichhaltiges Nahrungsangebot, um das sie nicht einmal kämpfen mussten.

Das Resultat dieser Entwicklung ist beeindruckend: Schimpansen sind patriarchalisch organisiert, aggressiv und die einzelnen Affengruppen führen endlose Kriege mit anderen Affengruppen. Die Bonobos hingegen sind matriarchalisch organisiert und lösen ihre Probleme mit Sex. Die kollektive Psyche der Schimpansen ist männlich, die der Bonobos weiblich.

Man kann daher verstehen, dass die Menschen, seit sich ihre Lebensumstände soweit verbessert hatten, dass sie nicht mehr um ihren täglichen Lebenunterhalt kämpfen mussten, zu einer weiblichen Grundhaltung tendierten.

Die Menschheit fühlte sich in ihrer männlichen Phase mit der Beherrschung der Natur nicht wohl – sie will lieber in der Natur geborgen sein, ihr vertrauen wie eine Tochter der Mutter. Dieses Unwohlsein würde, wenn es nicht durch das Weiblich-Werden der Menschheit korrigiert werden würde, zu einer Selbstzerstörung der Menschheit führen. In ihrem Unglück würde die Menschheit Selbstmord begehen.

Das sind Gründe, die für ein Weiblich-Werden der Menschheit sprechen. Warum es tatsächlich dazu kommt, wird später noch genauer zu analysieren sein.

Die Menschheit profitiert vom Weiblich-Werden, zumindest in ihrer gegenwärtigen Phase. Die Vermeidung von Kriegen ist nur ein Symptom unter vielen.

Die Menschheit hat psychisch gesehen eine glückliche Zukunft vor sich.

Das Glück ist ein subjektiv empfundener Zustand. In der Tat spricht jedoch einiges dafür, dass die weibliche Menschheit den Zustand des Glückes gegenwärtig öfter empfindet als früher die männliche.

Entscheidend ist dabei der schon mehrfach erwähnte Umstand, dass Frauen gern vorgangsorientiert an ein Problem herangehen, Männer dagegen lösungsorientiert. Frauen diskutieren das Problem zunächst gemeinsam, gehen dann in kleinen Schritten voran (man denke an die Stöckelschuhe) und verbessern dann das vorläufige Ergebnis immer weiter, womit sie nie fertig werden. Es fällt auf, dass dies genau das Vorgehen der modernen Wissenschaft ist.

Männer dagegen versuchen eine schnelle Lösung des Problems und setzen sich danach zur Ruhe. Frauen wiederum kommen nie zur Ruhe, wundervoll parodiert in Loriots Sketch „Feierabend". Leider ist die schnelle Lösung der Männer naturgemäß nie perfekt, weswegen sie gern von den Frauen kritisiert wird – und das in der Ruhepause der Männer! Früher, in der männlichen Welt, wurde solch eine Kritik in der wohlverdienten Ruhepause von den Männern als störend empfunden und als „Nörgeln" bezeichnet. Folglich wurde die Kritik von den Frauen in der männlichen Welt dann oft unterlassen und die Missstände häuften sich.

Im Gegensatz dazu fügen sich in der weiblichen Welt die Dinge nach und nach durch permanente Nacharbeit zu einem positiven Ergebnis. Das netzwerkorientierte weibliche Denken führt zu einer immer komplexeren Struktur der Wissenschaft. Nicht verwunderlich, sagt man doch den

Frauen nach, dass sie „kompliziert" seien (Imdahl & Steeger, 2022, S. 84).

Wie bei der Evolution gibt es in der wissenschaftlichen Forschung und der gesellschaftlichen Entwicklung Schritte, die sich im Nachhinein als goldrichtig erweisen. Subjektiv scheint es, als habe man Glück gehabt, als sei das Schicksal einem gewogen gewesen. Objektiv lag der Erfolg darin begründet, dass man bei kleinen Schritten in der Lage ist, erste Erfolge zu erkennen und in dieser Richtung weiter vorzugehen oder aber bei Misserfolg mit mäßigem Verlust umzukehren und eine neue Richtung einzuschlagen..

Dieser Effekt führt dazu, dass die Entwicklungen in der weiblichen Welt als glücklich empfunden werden. In der männlichen Welt des Mittelalters dagegen lief man oft zu lange in eine falsche Richtung. Das nachfolgende Scheitern kann ein Mann nur schwer verarbeiten. Es herrschte damals allgemeine Untergangs-stimmung. In den Künsten wurden entsprechend Memento-mori- und Vanitas-Motive propagiert. Das Kollektiv der

Menschheit schien eher unglücklich gewesen zu sein.

Die weibliche Welt ist die glücklichere,
kann man daraus schließen. „Glücklich sein
ist weiblich", schreiben auch Imdahl und
Steeger in ihrer Studie (Imdahl & Steeger,
2022, S. 154). So gesehen empfinden wir es
als Glück, in einer weiblich werdenden
Welt zu leben.

Schiller und die weiblich werdende Menschheit

Schon Schiller hat 1796 die Gendereigenschaften von Frauen und Männern in einem Gedicht weitsichtig analysiert. Geht man davon aus, dass das Weiblich-Werden der Welt ungefähr um 1500 begann, so liegt mit Schillers Werk ein relativ frühes Zeugnis des einsetzenden Umdenkens vor.

Würde der Frauen

Von Friedrich Schiller

Ehret die Frauen! sie flechten und weben
Himmlische Rosen ins irdische Leben,
Flechten der Liebe beglückendes Band,
Und in der Grazie züchtigem Schleier
Nähren sie wachsam das ewige Feuer
Schöner Gefühle mit heiliger Hand.

Ewig aus der Wahrheit Schranken
Schweift des Mannes wilde Kraft,
Unstet treiben die Gedanken
Auf dem Meer der Leidenschaft.
Gierig greift er in die Ferne,
Nimmer wird sein Herz gestillt,
Rastlos durch entlegne Sterne
Jagt er seines Traumes Bild.

Aber mit zauberisch fesselndem Blicke
Winken die Frauen den Flüchtling zurücke,
Warnend zurück in der Gegenwart Spur.
In der Mutter bescheidener Hütte
Sind sie geblieben mit schamhafter Sitte,
Treue Töchter der frommen Natur.

Feindlich ist des Mannes Streben,
Mit zermalmender Gewalt
Geht der wilde durch das Leben,
Ohne Rast und Aufenthalt.
Was er schuf, zerstört er wieder,
Nimmer ruht der Wünsche Streit,
Nimmer, wie das Haupt der Hyder
Ewig fällt und sich erneut.

Aber, zufrieden mit stillerem Ruhme,
Brechen die Frauen des Augenblicks Blu-
me,

Nähren sie sorgsam mit liebendem Fleiß,
Freier in ihrem gebundenen Wirken,
Reicher als er in des Wissens Bezirken
Und in der Dichtung unendlichem Kreis.

Streng und stolz sich selbst genügend,
Kennt des Mannes kalte Brust,
Herzlich an ein Herz sich schmiegend,
Nicht der Liebe Götterlust,
Kennet nicht den Tausch der Seelen,
Nicht in Tränen schmilzt er hin,
Selbst des Lebens Kämpfe stählen
Härter seinen harten Sinn.

Aber, wie leise vom Zephir erschüttert
Schnell die äolische Harfe erzittert,
Also die fühlende Seele der Frau.
Zärtlich geängstigt vom Bilde der Qualen,
Wallet der liebende Busen, es strahlen
Perlend die Augen von himmlischem Tau.

In der Männer Herrschgebiete
Gilt der Stärke trotzig Recht,
Mit dem Schwert beweist der Scythe,
Und der Perser wird zum Knecht.
Es befehden sich im Grimme
Die Begierden wild und roh,

Und der Eris rauhe Stimme
Waltet, wo die Charis floh.

Aber mit sanft überredender Bitte
Führen die Frauen den Szepter der Sitte,
Löschen die Zwietracht, die tobend ent-
glüht,
Lehren die Kräfte, die feindlich sich hassen,
Sich in der lieblichen Form zu umfassen,
Und vereinen, was ewig sich flieht.

Schiller wurde wegen dieses Gedichts
zuweilen Spießigkeit vorgeworfen. Er pro-
pagiere hier, behauptete man, ein veraltetes
Rollenbild mit der Frau als Heimchen am
Herde und dem Mann als Geldverdiener.
Mit diesem Vorwurf macht man es sich
jedoch zu einfach. Heute ist man zwar
weiter, aber für das 18. Jahrhundert ist sein
Blick auf die Rolle der Frau schon recht
fortschrittlich.

Es geht Schiller auch nicht darum
Frauen- und Männerrollen festzuschreiben.
Es geht vielmehr um die Würdigung ihrer

Charaktereigenschaften und die Gender-charakterisierung von Frauen und Männern allgemein. Hierbei wiederum geht es darum zu erkennen, wie wertvoll gerade die weiblichen Eigenschaften sind.

Schiller geht diesen Weg mit aller Konsequenz. Das zu verfolgen, lohnt sich. Auch auf die Gefahr hin, langweilig zu werden, mögen hier Strophe für Strophe die Aussagen in den Kontext der Gendereigenschaften gerückt werden.

Das Gefühlsbetonte und die Liebe wird als typisch weiblich in der ersten Strophe gelobt. Dem wird in der zweiten Strophe der Expansionsdrang und die Unersätt-lichkeit des Mannes gegenübergestellt.

In der dritten Strophe wird die Verbreitung von Heimeligkeit durch die Frauen und ihre Naturverbundenheit hervorgehoben, kontrastiert in der vierten Strophe durch die Selbstvernichtungsten-denzen des Mannes – genauer: des Mutter-sohnes.

Weiter geht es in der fünften Strophe mit der Vorgangsorientiertheit der Frau, die sie befähigt, den Augenblick zu leben, während in der sechsten Strophe die Selbsverliebtheit und Kampfeslust des Mannes angeprangert wird.

Bei Gefahr neigen Frauen zu Angst und Besänftigung (siebte Strophe), Männer zur Gegenwehr (achte Strophe). Das führt in der neunten Strophe zu einer Art von Synthese der vorher dialektisch vorgetragenen Gendereigenschaften. Diese Synthese stellt in den Raum, dass die Bemühungen der Frauen um Frieden in der Welt von Erfolg gekrönt sein werden. Im Vergleich zu den vorigen Beschreibungen fällt diese Synthese allerdings recht kurz aus. Die Vielschichtigkeit des Wandels, der sich hier andeutet, hat Schiller nicht ausgearbeitet. Er überlässt diesen Denkprozess dem Leser, der damit bei der Theorie einer weiblich werdenden Welt ankommen kann.

Schiller hat damit Weitsicht bewiesen. 1796 hatte das Weiblich-Werden der Welt bereits begonnen und Schiller könnte schon geahnt haben, dass der weiblichen Verhaltensweise die Zukunft gehört.

Dabei muss jedoch auch erwähnt werden, dass Schiller die Gleichberechtigung der Frauen noch nicht voll anerkennt. In der fünften Strophe kommt das mal so ganz nebenbei zum Vorschein, wenn er Wissen und Dichtung als Männerdomäne hinstellt. Das zeigt sich auch in seinem Gedicht „Die berühmte Frau", wo er über die gelehrten Frauen lästert. Frauen gesteht er einen guten Charakter zu, ihre geistigen Fähigkeiten nimmt er jedoch nicht ernst. In seinen Dramen stehen dann allerdings wieder starke Frauen auf der Bühne. Offenbar war sein Frauenbild noch sehr widersprüchlich, was wohl dem Geist jener Zeit geschuldet ist.

Hier zeigt sich, wie damals der Umbruch zur weiblichen Welt zwar langsam begann, aber selbst theoretisch noch nicht wirklich vollzogen war. Heute ist er zumindest theoretisch von der Gesetzgebung her vollzogen, aber immer noch nicht in der Praxis angekommen.

Die Gründe für das Weiblich-Werden der Menschheit

Es scheint nach dem Gesagten vorteilhaft zu sein, dass die Menschheit weiblich wird. Und doch gab es nie eine bewusste Entscheidung der Menschheit dafür. Der Grund: Die Menschheit kann ihr Unbewusstes nicht selbst steuern. Es ist ja nicht wie bei einem männlichen Individuum, das eines Tages aufsteht und sagt:

„Jetzt möchte ich gern weiblich werden."

Auch ist es nicht wie bei einer Transfrau, die sich schon immer als Frau gefühlt hat, aber lange in einer männlichen Identität gefangen war. Die Menschheit war die letzten Jahrtausende tatsächlich männlich und hat sich dabei gut gemacht, um nicht zu sagen: wohlgefühlt.

Daher muss es einen Anlass und einen Mechanismus gegeben haben, der die Gender-Umwandlung des kollektiven Unbewussten von männlich zu weiblich in Gang gesetzt hat und das, ohne dass die Menschheit etwas davon bemerkte. Massive Gründe für das Weiblich-Werden der Menschheit müssen vorgelegen haben. Da es sich um einen Vorgang in der Psyche des Kollektivs der Menschheit handelt, müssen auch die Gründe psychischer Natur sein.

In der Tat ist zu Beginn des Wandels die Psyche der Menschheit in eine Krise geraten.

Die Krise begann grob gesagt mit der Neuzeit etwa ab 1500 und wurde erst nach und nach virulent. Mit der kopernikanischen Wende und der Reformation fiel der Startschuss, aber die geistigen Auswirkungen traten erst verzögert ans Licht.

Vorausgegangen war das Zeitalter der Entdeckungen. In dem darauffolgenden Umbruch hatte die Menschheit den Wechsel von der Eroberung ferner Welten hin zur Kultivierung ihrer nächsten Umwelt, also ihrer Heimat, vollzogen. Für die Eroberungen waren seit jeher die Männer zuständig, für die nähere Umwelt, früher die Höhle, waren es die Frauen. Das ist ein erster Baustein zur Erklärung.

Was geschah währenddessen mit der Psyche des Kollektivs? Die Menschheit hatte neue Erkenntnisse gewonnen, mit denen sie nicht leicht fertig wurde. Der Mensch hatte durch die kopernikanische Wende erkennen müssen, dass er nicht mehr den Mittelpunkt der Welt darstellte, wie es die Bibel ihm als Gottes Schöpfung dargestellt hatte. Sein Ausgeliefertsein ans unermessliche Weltall traf ihn als eine unerwartete Einsicht und gleichzeitig wurde die Allmacht der Religion, bisher der Rettungsanker, in Frage gestellt. Die Menschheit wurde in ihrer narzisstischen Selbstüberschätzung erschüttert.

Eine genauere Betrachtung zeigt tatsächlich, dass die kollektive Psyche der Menschheit narzisstisch war. Sie gleicht der Psyche eines Muttersohnes und dieser ist narzisstisch und neigt zur Selbstzerstörung.

Der psychologische Begriff des Muttersohnes beschreibt einen Sohn, bei dem eine enge Bindung zur Mutter besteht, der Vater jedoch fernbleibt.

Da gibt es Parallelen zur kollektiven Psyche der Menschheit. Das beruht auf folgender freier Interpretation: Als die Mutter der Menschheit könnte man die Natur ansehen, als den Vater Gott. Die Natur ist allgegenwärtig, aber Gott ist fern. So nahmen es offenbar die Menschen seit Jahrhunderten wahr.

Nach Pilgrim wird der Muttersohn von der Mutter erzogen, die ihre Ideale selbst nicht verwirklichen kann und sie stattdessen ihrem Sohn einimpft (Pilgrim, 1993). So wird er in dem Glauben großgezogen, dass er für etwas ganz Besonderes bestimmt sei. Das macht ihn zum Narzissten.

Napoleon, Hitler und viele Nazis waren Muttersöhne, aber auch gute Menschen wie Jesus. Sie alle steuerten geradewegs auf die Selbstzerstörung zu. Warum?

Die weibliche Prägung des Muttersohnes durch die Mutter kollidiert mit der gesellschaftlichen Notwendigkeit, dass er sich männlich verhalten muss. Dieser innere Konflikt zerstört ihn. Sein Versagen, das notwendig kommen muss, kann er als

Narzisst nicht akzeptieren. Er flüchtet sich in die Selbstzerstörung, wobei er diese gern als Opfer darstellt.

Das passt wiederum zu dem, was man bei der Menschheit beobachten kann: Die Menschheit steuerte in ihrer männlichen Vergangenheit bis vor Kurzem permanent auf ihre Selbstzerstörung hin, war in der Tat 1983 nur noch einen Knopfdruck vom Nuklearkrieg entfernt. Damals hatte Oberstleutnant Stanislaw Jewgrafowitsch Petrow im sowjetischen Luftverteidigungszentrum Serpuchow-15 die Meldung eines westlichen Raketenabschusses erhalten, hatte aber nicht – wie in einem solchen Fall eigentlich vorgesehen – den Knopf für die russische Reaktion mit Atomraketen gedrückt. Hätte er es getan, hätte wiederum der Westen geantwortet und der nukleare Holocaust wäre Wirklichkeit geworden. Petrow hatte jedoch infolge eigener Überlegungen die Meldung für einen Irrtum gehalten und damit recht gehabt. Das war knapp. Wir hatten einfach nur Glück gehabt.

Die Menschheit ist also durch ihre drohende Selbstzerstörung gefährdet. Unbewusst spürte die Menschheit diese Gefahr. Die in ihrer narzisstischen Selbstüberschätzung erschütterte Menschheit wurde instabil und geriet in eine Existenzkrise. Das ist im Prinzip die übliche Situation des Scheiterns der narzisstischen Psyche des Muttersohnes, die zu seiner Selbstaufgabe führt.

Entstanden aus einer geistigen Entwicklung, war die Krise eine innere Krise. Infolgedessen kam es zu einer inneren Reaktion, zu einer Art Selbstaufgabe, wenn auch nur zu einer partiellen. Der Muttersohn gab seine männliche Identität auf. Die weibliche Seite der Menschheit begann, das Ruder zu übernehmen.

Vorbilder für so ein Geschehen gibt es in der Natur. Spontane Geschlechtsumwandlungen zur Erhaltung der Art sind aus dem Tierreich bekannt.

Die Frage, die sich hier stellt, ist, ob diese Geschlechtsumwandlung auch vom praktischen Standpunkt richtig war. Hat eine Frau oder ein Mann die größeren Chancen in einer Krise? Mit anderen Worten: Es wäre zu klären, ob die passive (weibliche) oder die aktive (männliche) Verhaltensweise in Überlebenssituationen erfolgreicher ist. Die Frage wurde schon oft diskutiert.

Zunächst: Männer kämpfen bei Gefahr, Frauen laufen weg. Das war schon festgestellt worden.

Genauer: Der Mann kämpft in solchen Situationen seinen Kampf, egal ob sinnlos oder nicht. Sprichwörtlich geworden ist für ihn „der Kampf, den er nicht gewinnen kann". Der Mann bestreitet ihn mit einem gewissen Stolz. Er entspricht seiner Genderrolle. Der Mann fühlt sich dabei wie John Wayne im Western: „Ein Mann muss tun, was ein Mann eben tun muss."

Frauen sind da flexibler. Sie lösen die Situation, indem sie fliehen oder resignieren. Das Resignieren hört sich für Männer nicht nach einer Option an, ist aber in der Natur eine durchaus zulässige Strategie, die das Überleben ermöglichen kann. Man braucht allerdings Dulderqualitäten. Erdulden ist eine weibliche Stärke.

Was verspricht mehr Erfolg?

Äsop argumentierte in seiner Fabel vom Frosch im Milchkrug zugunsten des scheinbar aussichtslosen Kampfes: Der in den Milchkrug gefallene und vom Ertrinken in der Milch bedrohte Frosch strampelt – scheinbar sinnlos – so lange, bis die Milch schließlich unerwartet verklumpt und er hinausspringen kann.

Die Evolution, unbestechliche Auswerterin der statistischen Chancen, hat indes anders entschieden: In ausweglosen Situationen stellen sich die Tiere der realen Welt tot. Der Mensch schüttet bei Nahtoderfahrungen Endorphine aus, die ihn sich wohlfühlen lassen und lethargisch machen. Man könnte von einer Gnade Gottes sprechen, die dem Menschen den Tod erleichtert. Gott hätte, wenn es so wäre, einen Weg gewählt, der sich wissenschaftlich erklären lässt. Die simple Erklärung ist eben, dass sich in der Evolution die Resignation als die erfolgversprechendere Strategie durchgesetzt hat.

Sich weiblich zu verhalten, verspricht also die besseren Chancen beim Überlebenskampf der Menschheit. Das heißt, die Evolution hat das kollektive Unbewusste so entwickelt, dass es in Gefahrensituationen, die das Kollektiv betreffen, auf den Wandel der Psyche von männlich zu weiblich zurückgreift.

Hierbei ist die Existenzangst nur der Auslöser. Psychologisch gesehen liegt die Gefahr tiefer, nämlich in der drohenden Selbstzerstörung des Muttersohnes, eine Gefahr, die das kollektive Unbewusste sehr wohl spürt. Es handelt dementsprechend, ohne das Bewusstsein zu involvieren.

Soviel zum Prinzip. Es lässt sich aber auch in der Praxis beim Menschen beobachten. Frauen haben in Krisen die größere Widerstandskraft als Männer. Die Evolution hat sie ihnen geschenkt, um die Tortur der Geburt zu überstehen. Diese weibliche Resilienz wurde jetzt gebraucht und mobilisiert. Die entsprechende spontane Umwandlung der Menschheit zu einer weiblichen Identität ermöglicht tatsächlich das Überleben der Menschheit. Die entstehende Muttertochter ist psychisch wesentlich stabiler als der Muttersohn. Die Menschheit kann gerettet werden. Das Weiblich-Werden ist die Rettung.

Man könnte noch weitere Gründe für das Weiblich-Werden der Menschheit anführen. Ein zweiter Grund geht auch auf das Scheitern der Menschheit als Muttersohn zurück. In dieser zweiten Erklärung ist das existenzielle Schuldbewusstsein der Menschheit Grund für die Selbstzerstörung des narzisstischen Muttersohnes.

Das existenzielle Schuldbewusstsein der Menschheit äußert sich im Mythos von der Erbschuld. Es ist ein in jedem Menschen verankertes Gefühl, irgendwie schuldig geworden zu sein. Rational lässt es sich nicht begründen.

Es ist bei der Evolution der Menschheit entstanden. Der Mensch neigt nämlich evolutionsbedingt dazu, sich immer leicht zu überfordern. Diese Neigung hat er im Lauf der Jahrmillionen entwickelt, um seine Leistungsfähigkeit zu steigern. Das hat bisher funktioniert und funktioniert auch immer noch. Eigentlich eine nützliche Entwicklung.

Der Nachteil ist psychischer Natur: Mit seiner Disposition zur Selbstüberforderung wird der Mensch seine Ziele im Allgemeinen nur teilweise erreichen, wird sich daher grundsätzlich als unzureichend erleben. Er empfindet dieses intrinsische Versagen, das ihm anhaftet, als eine Art von Schuld, die er mit seiner Existenz verbindet, ohne sie genauer definieren zu können (Liegener, 2015): „Durch die spezifischen Herausforderungen der Umwelt in der Frühzeit der Menschheit wurden hauptsächlich die Menschen selektiert, die sich stets leicht überforderten, dadurch mehr leisteten. Die zwangsläufige Unzulänglichkeit beim Erreichen ihrer zu hoch gesteckten Ziele, die Unfähigkeit, die selbst geschaffenen Ideale zu verwirklichen, führte in der Folge zu Schuldgefühlen bei den so selektierten Menschen."

Das ist die biologische Entstehungsgeschichte des Schuldgefühls der Menschheit.

Es gibt aber auch eine psychologische, die es auf den Ödipuskomplex zurückführt. Freud schreibt dazu (Freud, 1930, Kap. 7): „Wir können nicht über die Annahme hinaus, dass das Schuldgefühl der Menschheit aus dem Ödipuskomplex stammt."

Psychologisch gesehen hat die Menschheit als Muttersohn unter diesem Komplex gelitten und leidet immer noch darunter – wie jeder Sohn. Der Komplex gipfelt im Wunsch des Sohnes, seinen Vater zu töten und seine Mutter zu heiraten. Dieser Komplex kann nur bei einem Sohn auftreten, nicht bei einer Tochter, da diese die Mutter nicht begehrt.

Das existenzielle Schuldbewusstsein kann der Muttersohn nicht ertragen und würde sich, wenn nichts geschähe, in die Selbstzerstörung flüchten. Dieser Druck lastete auf der Menschheit.

Gelöst werden würde das Problem offenbar durch das Weiblich-Werden der Menschheit. Die neu entstandene Mutter-tochter wäre vor dem Ödipuskomplex sicher. Der Ödipuskomplex würde verschwinden und mit ihm das existenzielle Schuldbewusstsein.

Diese Begründung erklärt das Weiblich-Werden, jedoch nicht den späten Zeitpunkt der Umwandlung, da die Erbschuld schon sehr lange bestand – seit der Neolithischen Revolution, wie sich später zeigen wird.

Eine dritte Begründungsmöglichkeit für das Weiblich-Werden der Welt ist fast schon trivial. Sie erklärt vor allem den späten Zeitpunkt. Die Menschheit hatte mit dem Beginn der Neuzeit um 1500 die Natur in einem solchen Maß kultiviert, dass die ganze Welt eine Heimstatt des Menschen geworden war. Bei den Urmenschen gingen die Männer in der Wildnis jagen, während die Frauen die Höhle wohnlich machten. Die Höhle war das Reich der Frauen. Da nun die ganze Welt kultiviert und gewissermaßen zur Höhle geworden ist, wird die ganze Welt zum Reich der Frauen, die weibliche Seite der Menschheit wird vorherrschend. Diese Überlegung erklärt zwar den Vorgang der Umwandlung, auch den Zeitpunkt, nicht aber ihre zwingende psy-

chologische Notwendigkeit aufgrund der
drohenden Selbstzerstörung der Menschheit. Alle drei Erklärungen zusammen ergeben jedoch ein kohärentes Bild der Ge-
schehnisse.

Weitere Transgenderisierungen

Man könnte das Weiblich-Werden der Menschheit als eine Transgenderisierung der Menschheit bezeichnet, weil die kollektive Psyche der Menschheit dabei ihr Gender wechselt.

Hierbei bedarf es einer Begriffsklärung. Der Begriff der „Transgenderisierung" existiert im heutigen Sprachgebrauch für Individuen nicht, und zwar aus dem Grund, dass Transgender-Personen ihre scheinbar neue sexuelle Identität in Wirklichkeit schon von Geburt aus in sich tragen. Der Schritt, dies auch auszuleben, wird Transition genannt. In der Beschreibung der kollektiven Psyche der Menschheit geht es aber um etwas anderes. Die Psyche der Menschheit ist in der einen Zeit tatsächlich männlich, in der anderen tatsächlich weiblich. Hier findet im Gegensatz zum Individuum nun wirklich eine Änderung des Genders statt. Die vorgenommene Bezeichnung Transgenderisierung für diesen Vorgang erscheint daher logisch. Vor Verwechslungen mit ähnlich lautenden Begriffen aus der Psychologie der Individuen möge man sich hüten. Es ist im Prinzip nicht ausgeschlossen, dass auch ein Individuum solch einen Prozess durchlaufen kann. Jedoch hat sich dafür noch keine allgemein verbreitete Bezeichnung durchgesetzt.

Die bisher beschriebene Transgenderisierung der Menschheit von männlich zu weiblich ist jedoch nicht die einzige, die es gab (Liegener, 2020a). In der Neolithischen Revolution zu Beginn der Jungsteinzeit fand bereits eine frühere Transgenderisierung statt, nämlich von weiblich zu männlich. Dieser Wandel begann je nach Region zwischen 9500 v. Chr. und 5500 v. Chr.

Es gibt klare Indizien für das Weiblich-Sein der Menschheit vor der Neolithischen Revolution: Vor ca. 30000 Jahren weisen frühe Venusfigurinen auf eine matriarchalische Gesellschaftsform hin. Diese Figurinen verschwinden mit der Neolithischen Revolution wieder. Ferner ist der anarchische Zustand der menschlichen Gemeinschaften der Jäger und Sammler, das Fehlen von Hierarchien, ein Indiz für eine weibliche kollektive Psyche.

Noch etwas: Die Menschheit, anfangs durch die Neandertaler repräsentiert, ließ in Europa die vor ca. 40000 bis 30000 Jahren neu hinzukommenden Cro-Magnon-Menschen in Frieden einwandern. Eine Koexistenz beider Menschenarten nebeneinander stellte kein Problem dar. Das erinnert an die Bonobos, die auch friedlich mit ihren Nachbarn auskommen und eine weibliche kollektive Psyche besitzen.

Die Menschen, die bis dahin als Jäger und Sammler gelebt hatten, wurden nun aber sesshaft und betrieben fortan Ackerbau und Viehzucht, kultivierten das Land. Hatten sie bis dahin dankbar angenommen, was die Natur ihnen freiwillig gab, so wurden sie jetzt der Natur gegenüber aggressiv, versuchten, sie zu unterjochen und auszubeuten, nahmen sich, was sie brauchten. Die weibliche Menschheit hatte die Natur verehrt und empfangen, was sie ihr von sich aus gab; die nun entstehende männliche Menschheit manipulierte die Natur, um zu bekommen, was sie wollte.

Viel änderte sich damals: Metallverarbeitung und Hausbau erforderten die Herausbildung eines Spezialistentums. Das war etwas, was die Männer von der Jagd her bereits kannten. Frauen dagegen mussten sich gegenseitig in der Schwangerschaft ersetzen können und waren Generalistinnen geworden. Die Spezialisten waren also Männer und wurden anerkannt, während die Frauenarbeit als selbstverständlich hingenommen wurde.

So entwickelten sich Hierarchien, in denen die Männer dominierten. Die Varna-Kultur (4400 - 4100 v. Chr.) verfügte dann bereits über eine vollentwickelte Hierarchie mit einer männlichen Oberschicht. Allein schon die Entwicklung von Hierarchien ist ein männlicher Zug.

Die Entwicklung der Männerdominanz vor ungefähr 10000 Jahren ist ein Phänomen, das schon von Klaus Theweleit beobachtet worden ist (Theweleit, 2019).

Der Charakter der kollektiven Psyche änderte sich entsprechend. Aus der folgsamen Tochter von Mutter Natur wurde der aufsässige Sohn. Eine Transgenderisierung.

Noch etwas Neues entstand beim Männlich-Werden der Welt bei der Neolithischen Revolution: die ersten Kriege. Kriege sind etwas typisch Männliches. Sie stellen das Aufeinandertreffen zweier konkurrierender Hierarchien dar. Mit der Sesshaftwerdung der Menschen entstand die Notwendigkeit, Reviere abzustecken und zu verteidigen. Dazu wiederum mussten Kampfgemeinschaften gebildet werden, die hierarchisch organisiert waren. Die archäologischen Überreste der ersten Schlachten der Menschheit datieren aus dieser Zeit und erzählen von einer

Grausamkeit, die bis dahin unbekannt war (Meyer, Lohr, Gronenborn, & Alt, 2015).

Die Überwindung des Weiblichen zu dieser Zeit findet ihren Ausdruck im Mythos von der Sintflut. Wie viele große Mythen beruht auch dieser Mythos auf einem Traum des kollektiven Unbewussten der Menschheit. Dieser lässt sich wie folgt deuten: Das Wasser ist nach Jung ein Symbol des Weiblichen, das in dem Mythos die Menschheit zu vernichten drohte. Durch die Konstruktion der Arche – ein Symbol der zu dieser Zeit männlichen Ingenieurskunst – wurde die Gefahr überwunden. Kurz: Die bedrohliche weibliche Flut wird vom männlichen Erfindergeist besiegt. Der Mythos entstand unabhängig fast gleichzeitig an den verschiedensten Orten der Welt – vom Nahen Osten bis China, und zwar zur Zeit der Neolithischen Revolution, d.h. zur Zeit dieser Transgenderisierung. Der Mythos beschreibt die Ersetzung des Weiblichen durch das Männliche, den Wandel der kollektiven Psyche der Menschheit von weiblich zu männlich.

Man kann nach weiteren Transgenderisierungen der Menschheit suchen, aber die
Interpretationen werden umso spekulati-
ver, je weiter man in der Zeit zurückgeht.

Die Menschheit vor der Neolithischen
Revolution war also weiblich. War sie es
schon immer? Zumindest jedenfalls in dem
Geschichtszeitraum, in dem es sich überhaupt um Menschen handelte. Aber es gab
ja eine Zeit davor.

Irgendwann vor ganz grob zwei
Millionen Jahren entwickelte sich die Gattung „Mensch" aus den Australopithecinen.
Im Verlauf dieser Entwicklung fand
gleichzeitig mit der evolutionären Veränderung eine Transgenderisierung statt, ein
Wandel der kollektiven Psyche von
männlich zu weiblich. Es gab sichtbare
Zeichen: Vor 500000 Jahren tauchten beim
Homo erectus erste Artefakte auf, die als
Vorformen von Schmuck aufgefasst werden
können. Ab ca. 300000 v. Chr. gab es den
Homo sapiens und Schmuck verbreitete
sich weithin. Man kann davon ausgehen,
dass das Tragen von Schmuck mit einer

Würdigung von Schönheit einherging und dieses Schönheitsbewusstsein mit einem Weiblich-werden der Menschheit zusammenhing, die gerade im Entstehen begriffen war.

Aber was war vorher, vor der Transgenderisierung, die die Entstehung der Gattung Mensch begleitete?

Der Prozess der Entwicklung der Menschheit aus den Australopithecinen dürfte sich über zwei Millionen Jahre erstreckt haben. Während dieses Prozesses hätte beim Kollektiv dieser Wesen eine Transgenderisierung von männlich zu weiblich stattgefunden, wenn das Kollektiv dieser Wesen vorher männlich gewesen wäre. Das wäre noch zu zeigen.

Bei den Australopithecinen weisen vor vier Millionen Jahren die im Vergleich zum Menschen sehr kurzen Beine und langen Eckzähne bei männlichen Exemplaren darauf hin, dass diese ausgiebig um ihre Position in der Gruppe kämpfen mussten. Durch die kurzen Beine wurde der Schwerpunkt tiefergelegt, was im Kampf von Vorteil war. Nach David Carrier

(Carrier, 2007) sind kurze Beine bei diesen Primaten ein Zeichen von Aggressivität der Art. Ähnliches postuliert er für den aufrechten Gang, da Schläge aus aufrechter Position wirkungsvoller sind als solche aus gebückter Haltung (Carrier D., 2011). Ausgiebige Rangkämpfe und Aggressivität lassen auf Hierarchien und eine männliche kollektive Psyche schließen. Schon mit dem aufrechten Gang wurde offenbar die kollektive Psyche der Vormenschen männlich.

Der Strontiumgehalt in den Zähnen von Männchen und Weibchen bei den Australopithecinen zeigt, dass die Männchen ortstreu waren, während die Weibchen zwischen den Populationen wechselten (Copeland, et al., 2011). Das könnte bedeuten, dass die Männchen ihre Machtposition behaupteten, während die Weibchen austauschbar waren. Auch dies ein Hinweis auf eine männliche kollektive Psyche der Australopithecinen.

Die Gründe für den männlichen Zustand der Vormenschen, der Australopithecinen, vor mehr als zwei Millionen Jahren und den dann einsetzenden Wechsel zu einem weiblichen Zustand der frühen Menschheit lassen sich verstehen. Die Vergangenheit der Vormenschen dürfte schwer gewesen sein. Sie hatten in Südostafrika seinerzeit Dürreperioden zu erdulden, wobei sie sich gegen konkurrierende Arten durchsetzen mussten. Für den Kampf ist der Mann besser geeignet. Deshalb musste die kollektive Psyche damals männlich sein.

Mit der Entwicklung der ersten Menschen änderte sich vieles. Homo habilis und Homo erectus traten zu ernährungstechnisch besseren Zeiten in viel kleineren Zahlen auf. Sie hatten durch Verwendung von Waffen eine gewisse Dominanz gegenüber dem Tierreich errungen. Nun brauchten sie weniger die männliche Agressivität als ein abgesprochenes Vorgehen bei der Jagd und der Verteidigung gegen Raubtiere. Auch die Konkurrenz innerhalb der Gruppen war unerwünscht, da nicht genug Individuen vorhanden waren, als dass man welche hätte entbehren können. Die Kämpfe um die Frauen wurden reduziert, indem die Monogamie aufkam. Man musste gut miteinander auskommen – eine Stärke der Frauen. Die kollektive Psyche der entstehenden Menschheit wurde weiblich.

Die kollektive Psyche der Australopithecinen war also männlich. Gab es bei ihrer Entwicklung vor vier Millionen Jahren etwa auch schon eine Transgenderisierung? Das wäre noch zu klären.

Ob die Vorfahren der Australopithecinen, sofern sie noch nicht über den aufrechten Gang verfügten, über eine männliche oder weibliche kollektive Psyche verfügten, ist nicht ganz klar. Wahrscheinlich muss man hierbei zwischen den baumbewohnenden und den bodenbewohnenden Arten unterscheiden (Gough, 1973). Bei ersteren geht man Feinden durch Flucht auf die Bäume aus dem Weg. Es werden keine kampfstarken Männchen gebraucht, Männchen und Weibchen sind ungefähr gleich groß. Daher gibt es keine Dominanz der Männchen. Ein Matriarchat könnte sich ausgebildet haben.

Bei den bodenbewohnenden Arten ist es umgekehrt: Die Männchen müssen die Gruppe verteidigen. Sie sind wesentlich größer als die Weibchen. Es entsteht eine Hierarchie mit Dominanz der Männchen und ein Patriarchat.

Möglicherweise ist der Australopithecus aus dem Ardipithecus ramidus hervorgegangen, als dieser aufgrund klimatischer Veränderungen vor vier Millionen Jahren vom Waldbewohner zum Savannnenbewohner wurde. Dabei wurde im Lauf der Entwicklung zum Australopithecus der aufrechte Gang entwickelt, um über die Gräser sehen zu können. Bekannt ist, dass die Ardipithecinen tatsächlich mehrheitlich Waldbewohner gewesen sind (White, et al., 2009). Außerdem dürften Männchen und Weibchen ungefähr gleich groß gewesen sein. Damit wäre ein Matriarchat möglich gewesen. Leider weiß man noch nicht genug über diese unsere ganz frühen Vorfahren, um hier eine plausiblere Aussage zu treffen. Die Frage nach einer weiteren Transgenderisierung vor vier Millionen Jahren bleibt also offen.

Die Geschichte der Menschheit im Hinblick auf das Gender ihrer kollektiven Psyche kann man demnach so zusammenfassen:

Ob die Gattung Ardipithecus ramidus eine weibliche kollektive Psyche hatte, ist noch nicht schlüssig geklärt. Die vor vier Millionen Jahren auf sie folgenden Vormenschen, die Australopithecinen, hatten eine männliche kollektive Psyche. Vor ungefähr zwei Millionen Jahen entwickelte sich die Gattung „Homo", welche eine weibliche kollektive Psyche besaß. In der Neolithischen Revolution vor etwa 10000 Jahren wurden die Menschen sesshaft und die kollektive Psyche wurde männlich. Mit dem Anbruch der Neuzeit ab ca. 1500 n.Chr. bis heute begann die kollektive Psyche, allmählich wieder weiblich zu werden.

Hier spiegelt sich der ewige Kreislauf von Yin und Yang wider.

Betrachtet man die Zeitabstände, wird deutlich, dass die letzte männliche Phase der Menschheit im Vergleich nur ein kurzes Intermezzo in der weiblichen Geschichte der Menschheit war. Dieses kurze Intermezzo hat ausgereicht, um die Menschheit von harmlosen Erdbewohnern zur größten Bedrohung für den Planeten zu machen. Die derzeit laufende Transgenderisierung dürfte daher auch im Interesse unseres Planeten liegen. Und auf Mutter Erde muss der Muttersohn hören.

Die besprochenen Transgenderisierungen betrafen die Vergangenheit der Menschheit. Wird es in Zukunft weitere Transgenderisierungen geben? Spekulieren ist erlaubt, auch wenn das schon in den Bereich der Science Fiction führen könnte.

Die Menschheit könnte eines Tages in den Weltraum aufbrechen. Wie auch immer das aussehen mag, eines ist klar: Wenn die Menschheit die Grenzen dieses Planeten hinter sich lässt, zersteut sie sich und das verringert die Gefahr ihrer Selbstvernichtung. Die Existenz als Muttersohn wäre dann wieder eine Option. Die größere Kampfkraft des Mannes könnte bei der

Eroberung feindlicher Lebensräume von Vorteil sein. Eine neuerliche Transgenderisierung von weiblich zu männlich in sehr ferner Zukunft kann daher nicht ausgeschlossen werden.

Noch ein Gedanke: Ist es zu engstirnig, nur von Transgenderisierungen zwischen männlich und weiblich zu sprechen? Schließlich wäre ja auch die Transgenderisierung zu einer queer Identity möglich. In der Tat gab es für einige Zeit eine Transgenderisierung zu einer homosexuellen männlichen Identität. Diese fand ungefähr 1200–750 v.Chr. im griechischen Kulturkreis statt (Liegener, 2018). Das betraf zwar nicht die gesamte Menschheit, aber das Zentrum der damaligen abendländischen Kultur und führte zur Entstehung der Demokratie, lange bevor diese in der jetzigen Transgenderisierung wiederentdeckt wurde.

Zu jener Zeit, 1200–750 v.Chr., ging die mykenische Kultur unter. Diese Kultur war streng feudal hierarchisch organisiert, also männlich geprägt. Die nachfolgende griechische Kultur brachte die Demokratie hervor, eigentlich ein Zeichen für eine weibliche kollektive Psyche. Der Umbruch könnte für eine Transgenderisierung von männlich zu weiblich gehalten werden, war es aber nicht. Die weibliche Psyche ähnelt in manchen Zügen der homosexuellen männlichen. Tatsächlich führte diese spezielle Transgenderisierung zu einer homosexuellen männlichen kollektiven Psyche.

Anlass für den Wandel könnten gesellschaftliche Unruhen zu jener Zeit gewesen sein, hervorgerufen durch ein Erdbeben, Klimakatastrophen, Dürreperioden, Hungersnöte, unerträgliche Klassenunterschiede, eine permanente Zuwanderung, Überfälle der sogenannten Seevölker, die selbst vertrieben worden waren und für den Untergang vieler Reiche der ausgehenden Bronzezeit mitverantwortlich waren (Cline, 2015). Mehrere dieser Faktoren oder alle zusammen hätten die bestehenden Machtverhältnisse in Frage stellen können. Offenbar drohte eine Revolution, eine Selbstzerstörung, eine Implosion der

Gesellschaft. Um diese zu vermeiden, musste wie in anderen Fällen der Ödipus-Konflikt beseitigt werden und dazu musste der heterosexuelle Muttersohn sich wandeln. Die Wandlung zu einer weiblichen Identität mag nahegelegen haben, kam aber nicht in Frage. Da die Lebensumstände schwer waren, musste die männliche Identität mit ihrer Kampfkraft beibehalten werden. Der Ödipuskomplex hätte andererseits auch durch die Homosexualität entschärft werden können. Dass das Kollektiv damals nicht die weibliche, sondern die homosexuelle männliche Identität bevorzugte, zeigen die Mythen jener Zeit.

Es beginnt mit der Genealogie der Götter, wo erzählt wird, dass Uranos, der das Männliche in die Welt brachte, von seinem Sohn Kronos entmannt wurde. Die Geschichte zeugt von einer Entmachtung des männlichen Prinzips. Nicht nur deswegen, weil der Urheber der Männlichkeit entmannt wurde, sondern auch, weil Kronos überhaupt eine derartige Tat beging. Heterosexuelle Männer scheuen vor Kastration zurück. Der Grund mag darin liegen, dass dafür der physische Kontakt mit den Geschlechtsteilen eines anderes Mannes erforderlich ist, was bei heterosexuellen Männern tabuisiert ist. Frauen und homosexuelle Männer könnten diese Tat jedoch begehen. Sollte also Kronos homosexuell dargestellt werden? Dafür gibt es keine weiteren Anhaltspunkte. Wäre es jedenfalls in diesem speziellen Kontext so gemeint gewesen, so wäre durch einen homosexuellen Titanen das männliche Prinzip beendet worden.

Das Neue wurde also nicht das Weibliche, sondern das Homosexuelle. Dafür gibt noch einen Hinweis in den Mythen: Der homosexuelle Mann Achill besiegt vor Troja die weibliche Amazonenkönigin Penthesilea. Beide sind herausragende Repräsentanten ihres Genders. Das bedeutet: Das homosexuell-männliche Prinzip setzte sich gegen das weibliche durch.

Die homosexuelle Epoche, die sich im klassischen Griechenland manifestierte, wird oft als die Wiege der europäischen Kultur gesehen. Rätselhaft bleibt, warum diese Transgenderisierung nur im griechischen Kulturkreis stattfand und nicht in den anderen untergegangenen Machtzentren der Bronzezeit wie dem Hethiterreich, Ugarit und Ägypten. Es könnte bedeuten, dass die Transgenderisierung nicht eine zwangsläufige Folge der Situation war, dass aber dort, wo sie stattfand, eine neue Hochkultur entstand.

Das Ende der abschließenden hellenistischen Epoche kam 27 v.Chr. mit der Eingliederung Griechenlands ins römische Reich, wobei die griechische Kultur in das römische Geistesleben integriert wurde und wohl auch die Kultivierung der Homosexualität die politischen Veränderungen teilweise überdauerte.

Die Demokratie ging mit der Eroberung Griechenlands durch die Römer wieder verloren. Sie wurde erst 1689 in der weiblich werdenden Welt mit der Bill of Rights wiederentdeckt und verbreitete sich im 18. Jahrhundert weiter.

Die Konsequenzen

Nun zu der Frage, was aus all dem folgt. Klar ist, dass das ganze Leben vom Wandel der kollektiven Psyche beeinflusst wird, auch ohne dass wir es immer merken.

Wir leben in einer Zeit des Umbruchs in der Menschheitsgeschichte. Dadurch, dass sich dieser Vorgang über Jahrhunderte erstreckt, nehmen wir ihn kaum wahr. Es ist wie bei Eltern, die ihr Kind jeden Tag sehen und eines Tages ganz erstaunt sind, dass es erwachsen geworden ist.

Die Charakteristika dieses Wandels legen nahe, dass die Gesellschaftsform der Zukunft der demokratische Sozialismus – vielleicht unter anderem Namen – sein dürfte. Der real existierende Sozialismus zeigte mit der Fürsorge für alle Bürger und dem Gleichheitsprinzip bereits weibliche Züge. Die gewaltsame Machtausübung Leninscher Prägung schien zu seiner Durchsetzung notwendig gewesen zu sein, wurde aber zu lange beibehalten und war letztlich der Grund für sein Scheitern. Die weibliche Organisationsform ist die Demokratie, nicht die Diktatur. Die Synthese im dialektischen Dreischritt von real existierendem Sozialismus und Demokratie könnte der demokratische Sozialismus sein. Das wird, wenn es denn so ist, ganz von allein geschehen – als eine geschichtliche Notwendigkeit. Man kann es einfach abwarten.

Wie es immer im Leben ist, bringt eine Veränderung nicht nur Vorteile, sondern auch Nachteile. So ist es nun einmal: Es gibt das eine nicht ohne das andere. Bei der weiblich werdenden Welt muss man akzeptieren, dass der angenehmeren weiblichen Welt die Kampfkraft der männlichen Welt fehlt. Frauen können auch kämpfen und sogar ausdauernder als Männer. Die geschichtliche Entwicklung hat jedoch gezeigt, dass zur Durchsetzung der Existenzbedürfnisse der Menschheit die männliche Ausprägung gewählt wurde. Die männliche Durchsetzungskraft fehlt dann manchmal in der weiblich werdenden Welt. Das hat sich bereits im Kampf gegen den Klimawandel (Liegener, 2019) und die Corona-Pandemie (Liegener, 2021) gezeigt. Das Versagen der Menschheit in diesen Fällen kann wiederum nur heißen, dass diese Bedrohungen bisher noch nicht als existenzgefährdend für die Menschheit wahrgenommen worden sind. Hoffentlich wird es dazu auch zukünftig nicht kommen. Immerhin wird uns das Durchhaltevermögen der weiblichen Psyche helfen, mit den Folgen irgendwie fertig zu werden.

Die jetzt laufende Transgenderisierung der Menschheit ist nur eine von mehreren, die durch gewaltige Zeiträume voneinander getrennt sind. Keiner kann ausschließen, dass in ferner Zukunft eine weitere folgen wird.

Nun wird die kollektive Psyche der Menschheit also weiblich. Das bedeutet: Man sollte die weiblichen Verhaltensweisen würdigen. Sie sind die Zukunft.

Manch eine Frau wird denken:

„Schön wär's. Noch werden Frauen überall benachteiligt."

Der Schlüssel liegt in dem Wörtchen „noch". Der Prozess des Weiblich-Werdens zieht sich über Jahrhunderte hin und ist noch nicht abgeschlossen. Im Vergleich zum Mittelalter geht es den Frauen heute schon merklich besser. Rein theoretisch hätten Frauen heute die gleichen Rechte wie Männer – damals nicht! Diese Rechte in der Praxis überall durchzusetzen, dürfte noch seine Zeit dauern, aber es wird kommen.

Leider gelingt dies nur zögerlich. Indes zeigt ein Blick ein paar hundert Jahre zurück, dass schon viel geschehen ist. Es wird weiter gehen. Mehr noch: Irgendwann werden Frauen die Hauptrolle spielen. Gleichberechtigung wird auch in der weiblichen Welt verankert sein, d.h. auch die Männer werden weiterhin ihre Chance bekommen. Das Weiblich-Werden der Welt heißt nicht, dass die Männerherrschaft am Ende durch eine Frauenherrschaft abgelöst wird. In der zukünftigen weiblichen Welt wird keiner mehr den anderen beherrschen. Alle sind gleichberechtigt. Es könnte nur sein, dass Frauen in dieser neuen Welt besser zurechtkommen als Männer. Auch könnte es sein, dass die Männer ihrer verlorenen Vormachtstellung nachtrauern. Aber auch damit werden sie zurechtkommen. Es wird eine Welt der Frauen werden und sie wird unblutiger sein als die männliche.

Sind Sie immer noch misstrauisch? Warum auch nicht? Vielleicht befürchten Sie, durch diese These sollen die Frauen vertröstet und ruhig gestellt werden. Das Gegenteil ist der Fall. Die These soll Sie ermutigen: Sie werden Erfolg haben. Kämpfen Sie für die Frauenrechte! Heute ist das leicht. Sie stehen auf der richtigen Seite!

Zunächst muss diese Zukunft allerdings noch erreicht werden. Muss man etwas dafür tun? Man kann, aber man muss nicht. Eigentlich rollt der Zug von alleine. Er wird nicht aufzuhalten sein.

Manch einer mag jedoch ungeduldig werden und will aktiv werden. Sollen dazu die Frauen männliche Vorgehensweisen kopieren, um weibliche Beteiligungen an der Macht zu erkämpfen, oder sollen sie sich auf ihre weiblichen Fähigkeiten konzentrieren, weil diese sich letztendlich durchsetzen werden? Die Frage braucht nicht beantwortet zu werden, da es sich dabei um einen Plan handeln würde und Pläne nicht in die weiblich werdende Welt passen. Es wird sich alles finden. Frauen handeln intuitiv und liegen damit meist richtig.

Zu hoffen ist allerdings, dass große Kämpfe nicht mehr nötig sein werden. Wichtig ist vor allem der geistige Wandel.

Wenn uns die Theorie von der weiblich werdenden Welt eines lehrt, dann wohl dies: dass unserer Welt eine glückliche Zeit bevorsteht. Es besteht Anlass zum Optimismus.

Wenn wir der Entwicklung entgegenge-
hen wollen, können wir damit beginnen,
die geistige Entwicklung zu unterstützen.
Auf der praktischen Seite scheint es mir
wichtig zu sein, die Schulbildung der Mädchen in manchen Ländern der Dritten Welt
zu verbessern. Auch bei uns gibt es viel zu
tun: Die sogenannten Frauenberufe müss-
ten mehr gewürdigt werden, auch besser
bezahlt werden. Die weibliche Fürsorge
sollte sich in einer Stärkung des sozialen
Gedankens in unserer Gesellschaft äußern.
Die Kluft zwischen arm und reich muss
verringert werden. Es muss ja nicht gleich
der Kommunismus sein. Der ist gescheitert,
weil er die totale Kontrolle wollte. Das war
männlich und ist überholt. Aber ein wenig
ausgewogener könnten die Reichtümer
dieser Erde schon verteilt sein. Der demokratische Sozialismus täte es auch.

Die Kirchen könnten Boden gutmachen,
indem sie weniger als Autoritäten, mehr als
Begegnungsstätten fungieren. Und letzten
Endes können wir alle die weibliche
Freundlichkeit und Liebe einüben. Was

wäre das für eine Welt, in der alle freund-
lich zueinander sind?! Eben eine weibliche
Welt.

Literaturverzeichnis

Balliet, D., Li, N., Macfarlan, S., & Van Vugt, M. (2011). Sex Differences in Cooperation: A Meta-Analytic Review of Social Dilemmas. *Psychological Bulletin 137*, S. 881-909.

Baron-Cohen, S. (2004). *Vom ersten Tag an anders.* Ostfildern: Patmos.

Carrier, D. (2007). The short legs of great apes: Evidence for aggressive behavior in Australopiths. *Evolution 61*, S. 596.

Carrier, D. (2011). The Advantage of Standing Up to Fight and the Evolution of Habitual Bipedalism in Hominins. *PLoS ONE 6(5): e19630*.

Christov-Moore, L., Simpson, E. A., Coudé, G., Grigaityte, K., Iacoboni, M., & Ferrari, P. F. (2014). Empathy: Gender effects in brain and behaviour. *Neuroscience and Biobehavioural Reviews 46*, S. 604-627.

Cline, E. (2015). *1177 v.Chr.: Der erste Untergang der Zivilisation.* Darmstadt: Konrad Theiss.

Copeland, S., Sponheimer, M., de Ruiter, D., Lee-Thorp, J., Codron, D., le Roux, P., . .

. Richards, M. (2011). Strontium isotope evidence for landscape use by early hominins. *Nature 474*, S. 76-78.

Eisenegger, C., Kumsta, R., Naef, M., Gromoll, J., & Heinrichs, M. (2017). Testosterone and androgen receptor gene polymorphism are associated with competitiveness and confidence in men. *Journal for Hormones and Behaviour 92*, S. 93-102.

Evatt, C., & Zybak, M. (2005). *Männer sind vom Mars, Frauen von der Venus: Tausend und ein kleiner Unterschied zwischen den Geschlechtern.* München: Piper.

Frerichs, P. (1997). *Klasse und Geschlecht, Bd.1. Arbeit. Macht. Anerkennung. Interessen. (Schriftenreihe Sozialstrukturanalyse, Bd.10).* Opladen: Leske+Budrich.

Freud, S. (1930). *Das Unbehagen in der Kultur.* Wien: Internationaler Psychoanalytischer Verlag.

Gough, K. (1973). *The Origin of Family.* Toronto: New Hogtown Press.

Gray, J. (1992). *Männer sind anders. Frauen auch. Männer sind vom Mars. Frauen von der Venus.* München: Goldmann.

Halbwachs, M. (1991). *Das kollektive Gedächtnis.* Frankfurt/Main: Fischer.

Hashikawa, K., Hashikawa, Y., Lishinsky, J., & Lin, D. (2018). The Neural Mechanisms of Sexually Dimorphic Aggressive Behaviors. *Trends in Genetics 34*, S. 755-776.

Hassett, J. M., Siebert, E. R., & Wallen, K. (2008). Sex differences in rhesus monkey toy preferences parallel those of children. *Hormones and Behavior 54*, S. 359-364.

Hawking, S. (2015). Aggression could destroy us. Interview by N. Clark. *The Independent, Ausg. vom 19. Feb.*

Hoppeler, H., Lüthi, P., Claassen, H., Weibel, E., & Howald, H. (1973). The ultrastructure of the norma human sceletal muscle. A morphometric analysis on untrained men, women and well-trained orienteers. *Pflügers Archiv 344*, S. 217-232.

Imdahl, I., & Steeger, J. (2022). *Warum Frauen die Welt retten werden und Männer dabei unerlässlich sind.* München: Komplett-Media.

Ingarhalikar, M., & et_al. (2014). *Sex differences in the structural connectome of the human brain.* Proceedings of the National Academy of Sciences of the United States of America, Band 111, S. 823.

Inglehart, R. (1995). *Kultureller Umbruch. Wertewandel in der westlichen Welt.* Frankfurt: Campus.

Jung, C. (2011). *Die Archetypen und das kollektive Unbewusste (Gesammelte Werke 9/1).* Ostfildern: Patmos.

Kishon, E. (1989). *Unter zwei Augen. In Total verkabelt. Satirisches um Presse, Funk und Fernsehen.* München/ Wien: Langen-Müller.

Lendrem, B., Lendrem, D., Gray, A., & Isaacs, J. (10. Dec. 2014). The Darwin Awards: Sex Differences in Idiotic Behaviour. *British Medical Journal,* S. 349.

Liegener, C.-M. (2015). *Erbsünde und Erbdschuld. Vom Ursprung unseres existetnziellen Schuldbewusstseins.* Hamburg: Tredition.

Liegener, C.-M. (2016). *Wie wurde Jesus Gottes Sohn? Muttersöhne in der Bibel.* Essen: Die blaue Eule.

Liegener, C.-M. (2017). *Warum die Welt weiblich wird. Ein Psychogramm der Menschheit.* Leipzig: Einbuch-Verlag.

Liegener, C.-M. (2018). *Der Untergang der mykenischen Kultur.* München: Grin-Verlag.

Liegener, C.-M. (2019). *Machtlos gegen den Klimawandel.* Norderstedt: Books on Demand.

Liegener, C.-M. (2020a). *Die Transgenderisierungen der Menschheit.* Norderstedt: Boos on Demand.

Liegener, C.-M. (2020b). *Rückkehr zum Urvertrauen. Die Frage nach Gott in der weiblich werden-den Welt. Books on Demand, Norderstedt (2020).* Norderstedt: Books on Demand.

Liegener, C.-M. (2021). *Corona in der weiblich werdenden Welt.* Norderstedt: Books on Demand.

Lunz, K. (2022). *Die Zukunft der Außenpolitik ist feministisch – Wie globale Krisen gelöst werden müssen. 2.Aufl.* Berlin: Ullstein Verlag (Econ).

Mayerowitz, S. (2010). Male Drivers Lost Longer Than Women, Oct.26. *ABC News.*

Meyer, C., Lohr, C., Gronenborn, D., & Alt, K. (2015). The massacre mass-grave of Schöneck-Kilianstädten reveals new insights into collective violence in Early Neolithic Central Europe. *Proceedings of the National Academy of Sciences of the USA 112, S. 11217-11222*, S. 11217-11222.

Nunner-Winkler, G. (1994). Eine weibliche Moral? Differenz als Ressource im Verteilungskampf. *Zeitschrift für Soziologie 23*, S. 417-433.

Pease, A., & Pease, B. (2000). *Warum Männer nicht zuhören und Frauen schlecht einparken*. München: Ullstein.

Pease, A., & Pease, B. (2002). *Warum Männer lügen und Frauen immer Schuhe kaufen.* Berlin: Ullstein.

Pease, A., & Pease, B. (2011). *Warum Männer immer Sex wollen und Frauen von der Liebe träumen.* Berlin: Ullstein.

Pease, A., & Pease, B. (2012). *Warum Männer sich Socken wünschen und Frauen alles umtauschen: Der Survival-Guide fürWeihnachten.* Berlin: Ullstein.

Pilgrim, V. (1993). *Muttersöhne.* Düsseldorf: Claassen.

Regan, P., & Paskeviciute, A. (2003). Woman's Access to Politics and Peaceful States. *Journal of Peace Research 40*, S. 287-302.

Sadigh, P. (2015). Die Welt wird weiblicher. *Zeit online*, Ausgabe vom 13. Okt.

Schwarz, G. (2007). *Die "Heilige Ordnung" der Männer: Hierarchie, Gruppendynamik und die neue Rolle der Frauen. 5. Aufl.* Wiesbaden: VS Verlag für Sozialwissenschaften.

Theweleit, K. (2019). Männer tragen eine 12000 Jahre alte Gewaltgeschichte im Körper. Äußerung in einem Interview, geführt von J.S Basad. *Neue Zürcher Zeitung vom 30.11.2019*, S. 40.

van Vugt, M. (2006). Gender Differences in Cooperation and Competition: The Male-Warrior Hypothesis. *Psychological Science 18*, S. 19-23.

Voland, E., & Johow, J. (8. Mai 2012). Geschlecht und Geschlechterrolle: Soziobiologische Aspekte. *Aus Politik und Zeitgeschichte: Geschlechtsidentität. Bundeszentrale für politische Bildung.*

White, T., Asfaw, B., Beyene, Y., Haile-Selassie, Y., Lovejoy, C., Suwa, G., & Woldegabriel, G. (2009). Ardipithecus ramidus and the Paleobiology of Early Hominids. *Science 326,* S. 64-86.